La gran
esperanza

Viva con la certeza de que todo va a terminar bien

Edición revisada

Elena G. de White

ASOCIACIÓN CASA EDITORA SUDAMERICANA
Av. San Martín 4555, B1604CDG Florida Oeste
Buenos Aires, República Argentina

Título del original: *From Here to Forever,* Pacific Press Publishing Association, Nampa, ID, EE.UU. de N.A.

Dirección: Pablo M. Claverie
Traducción: Fernando Chaij
Diseño del interior: Levi Gruber, Carlos Schefer
Diseño de la tapa: Eduardo Olszewski, William de Moraes
Ilustración de tapa: Shutterstock, Stockxpert

Primera edición
MMXI – 8.300M

IMPRESO EN LA ARGENTINA
Printed in Argentina

ISBN 978-987-567-767-8

G. de White, Elena
    La gran esperanza. Viva con la certeza de que todo va a terminar bien / Elena G. de White / Dirigido por Pablo M. Claverie - 1ª ed. - Florida : Asociación Casa Editora Sudamericana, 2011.
    96 p. ; 20 x 14 cm.
    Traducido por: Fernando Chaij
    ISBN 978-987-567-767-8
    1. Literatura piadosa. I. Pablo M. Claverie, dir. II. Fernando Chaij, trad. III. Título.
    CDD 242

Se terminó de imprimir el 10 de octubre de 2012 en talleres propios (Av. San Martín 4555, B1604CDG Florida Oeste, Buenos Aires).

-106437-

Índice

La victoria de la esperanza 4

1 ¿Por qué existe el sufrimiento? 7

2 Esperanza de triunfo sobre el mal 14

3 Seducciones peligrosas 21

4 Vida para siempre 29

5 Falsa esperanza 39

6 Paz verdadera 45

7 Nuestra única salvaguardia 56

8 En defensa de la verdad 61

9 Esperanza real 67

10 El gran rescate 76

11 La victoria del amor 86

La **victoria** de la esperanza

Todos acompañamos con mucha emoción el rescate de los 33 mineros que quedaron atrapados, por 69 días y a casi 700 metros de profundidad, en una mina de oro y cobre en el norte de la República de Chile.

La mina San José, en el desierto de Atacama, sufrió un derrumbe el 5 de agosto de 2010. Durante los primeros 17 días no hubo comunicación con el exterior. Los mineros sobrevivieron con dos cucharadas de atún enlatado, un sorbo de leche y media galleta, cada 48 horas.

Recién el 22 de agosto, cuando una perforación logró llegar al lugar en donde los trabajadores estaban refugiados, apareció el mensaje de José Ojeda: "Estamos bien, en el refugio, los 33". Entonces la esperanza de salvación dejó de ser un espejismo y comenzó a tomar cuerpo como una posibilidad.

La confirmación de que los mineros estaban vivos, y la confianza en que los técnicos, el Gobierno y todos los involucrados en el rescate harían los mayores esfuerzos, y usarían la mejor tecnología, trajo nuevo ánimo al Campamento Esperanza, el cual había sido montado por las familias en las proximidades de la entrada de la mina después del accidente.

Desde ese momento se aceleraron los trabajos y tres planes de rescate se comenzaron a ejecutar. Había mucho por hacer; era necesario correr contra el tiempo, pero sin comprometer la seguridad. Fueron más de 33 días de trabajo intenso y cuidadoso, hasta que el taladro rompió todas las capas de roca y los detalles finales del rescate comenzaron a ser calculados.

El Campamento Esperanza se volvía cada vez más agitado, con los familiares que acompañaban los trabajos y la llegada de periodistas de muchos países para realizar la cobertura del evento. Finalmente, después de 69 días de espera –un récord absoluto en supervivencia–, la cápsula Fénix 2 trajo a la superficie, uno a uno, a los 33 mineros, sanos y salvos.

Esas dos palabras finales –que usamos en forma habitual, sin pensar en su significado– resumen con precisión la condición de los mineros al salir de su tumba rocosa: todos tenían una excelente salud y vitalidad, además de diversas manifestaciones de una renovación espiritual, desde que recibieron las minibiblias enviadas por la Iglesia Adventista del Séptimo Día, hasta la decisión de usar una camiseta que tenía estampada la frase: "Gracias, Señor" y el texto del Salmo 95:4. Más recientemente, casi todos los rescatados participaron de una gira por Palestina, la que incluyó hasta un bautismo en las aguas del río Jordán.

Este hecho, todavía muy presente en la memoria de todos, es otra demostración de la importancia de la fe, de la esperanza y del amor; las tres virtudes principales del cristianismo. La fe es el brazo mediante el cual nos aferramos a la omnipotencia divina. La esperanza se fundamenta en la fe, pero también se alimenta de las evidencias de la historia y de las verdades de la Revelación, y se enfoca en el futuro. También posee muchas expectativas y deseos, mientras actúa para cambiar las realidades del presente. En este punto entra en escena el amor, la mejor motivación para actuar, para modificar la historia. Es el combustible de todas las buenas acciones.

El libro que usted tiene en sus manos es parte de una gran campaña desarrollada en los últimos años para destacar la esperanza, con el objetivo de plantear una visión del futuro que cambie el presente. Es una selección de once capítulos breves y sencillos, pero provocativos. Abordan algunos temas que nos interesan a todos, como la razón del sufrimiento, la paz verdadera, la vida después de la muerte y la victoria final del amor de Dios.

Estos siguen un orden lógico, que comienza con el origen de los problemas y termina con la solución definitiva. Pero, entre esos dos extremos, cada uno de nosotros tiene que vivir su vida cotidiana y, en este plano, la esperanza marca la gran diferencia.

Tenemos crisis en todos los frentes. Quien asume una actitud apática o miedosa se aleja de la solución. Por otro lado, quien acepta estos cuestionamientos ejerce paciencia y se involucra en un ciclo de virtudes que incluye elementos que también se abordan en este libro: la verdad, y Dios como un guía seguro.

La buena noticia es que existe una luz al final. Esta luz se está acercando para iluminar nuestro camino. Reflexione en el mensaje de este pequeño libro y su gran propuesta. Quien tiene esperanza tiene un gran futuro.

Los Editores

ACLARACIÓN

Otras versiones de la Biblia utilizadas además de la Reina-Valera Revisada de 1960:

BJ (*Biblia de Jerusalén*), LPD (*El Libro del pueblo de Dios*),
RVA (*Reina-Valera Antigua*), VM (*Versión Moderna*).

¿Por qué existe el sufrimiento?

Muchos observan la obra del mal, con sus desgracias y su desolación, y se preguntan cómo puede existir eso bajo la soberanía del Ser infinito en sabiduría, poder y amor. Los propensos a dudar dicen esto como una excusa para rechazar las palabras de las Sagradas Escrituras. La tradición y las falsas interpretaciones han oscurecido la enseñanza de la Biblia concerniente al carácter de Dios, la naturaleza de su gobierno y los principios que rigen la forma en que él se relaciona con el pecado.

Es imposible explicar el origen del pecado como para dar una razón de su existencia. Sin embargo, puede entenderse lo suficiente con respecto a su comienzo y su situación final como para que resulten plenamente manifiestas la justicia y la benevolencia de Dios. Dios de ninguna manera es responsable del mal; no retiró arbitrariamente la gracia divina, ni hubo deficiencia en el gobierno de Dios que diera ocasión a la rebelión. El pecado es un intruso por cuya presencia no puede darse razón alguna. Excusarlo sería defenderlo. Si se pudiera encontrar una excusa por él, dejaría de ser pecado. El pecado es el desarrollo de un principio que está en guerra contra la ley de amor, la cual es el fundamento del gobierno divino.

Antes de la entrada del mal había paz y gozo por todo el universo. El amor a Dios era supremo, y el amor mutuo entre los seres era imparcial. Cristo, el

Hijo unigénito de Dios, era uno con el Padre eterno en naturaleza, en carácter, en propósito; el único ser que podía entrar en todos los consejos y los propósitos de Dios. "Porque en él fueron creadas todas las cosas en los cielos... sean tronos, sean dominios, sean principados, sean potestades" (Colosenses 1:16).

Siendo la ley de amor el fundamento del gobierno de Dios, la felicidad de todos los seres creados dependía de su armonía con sus principios de justicia. Dios de ninguna manera se complace en una lealtad forzada, y a todos concede libertad de elección, con el fin de que puedan rendirle un servicio voluntario.

Pero hubo uno que escogió pervertir esta libertad. El pecado se originó con uno que, siendo el primero después de Cristo, había sido el más honrado por Dios. Antes de su caída, Lucifer era el primero de los querubines cubridores, santo e incontaminado. "Así ha dicho Jehová, el Señor: 'Tú eras el sello de la perfección, lleno de sabiduría, y de acabada hermosura. En Edén, en el huerto de Dios, estuviste. De toda piedra preciosa era tu vestidura... Tú, querubín grande, protector, yo te puse en el santo monte de Dios. Allí estuviste, y en medio de las piedras de fuego te paseabas. Perfecto eras en todos tus caminos desde el día en que fuiste creado, hasta que se halló en ti maldad... Se enalteció tu corazón a causa de tu hermosura, corrompiste tu sabiduría a causa de tu esplendor' ". "Pusiste tu corazón como el corazón de un dios". "Tú que decías... Subiré al cielo. En lo alto, junto a las estrellas de Dios, levantaré mi trono y en el monte del testimonio me sentaré... sobre las alturas de las nubes subiré, y seré semejante al Altísimo" (Ezequiel 28:12-17, 6; Isaías 14:13, 14).

Codiciando el honor que el Padre había otorgado a su Hijo, este príncipe de los ángeles aspiró a poseer un poder cuyo ejercicio era una prerrogativa de Cristo. Una nota discordante echó a perder la armonía celestial. La exaltación del yo despertó presentimientos de mal en la mente de aquellos para quienes la gloria de Dios era suprema. Los concilios celestiales argumentaron con Lucifer. El Hijo de Dios presentó delante de él la bondad y la justicia del Creador, y la naturaleza sagrada de su Ley. Al apartarse de ella, Lucifer iba a deshonrar a su Hacedor y traer ruina sobre sí mismo. Pero la advertencia solo despertó resistencia. Lucifer permitió que prevalecieran los celos contra Cristo.

El orgullo alimentó el deseo de supremacía. Los altos honores conferidos a Lucifer no despertaron un sentimiento de gratitud hacia el Creador. Él deseaba ser igual a Dios. Pero el Hijo de Dios era el Soberano reconocido del cielo, uno en poder y autoridad con el Padre. Cristo participaba en todos los consejos de Dios, pero a Lucifer no se le permitía entrar en los propósitos divinos. Entonces este ángel poderoso comenzó a cuestionar: "¿Por qué debe Cristo tener la supremacía? ¿Por qué él resulta honrado de esta manera por sobre mí?"

Descontento entre los ángeles – Abandonando su lugar en la presencia de Dios, Lucifer salió a difundir el descontento entre los ángeles. Actuando con un sigilo misterioso, ocultando su verdadero propósito bajo la apariencia de reverencia a Dios, trataba de excitar el desafecto hacia las leyes que gobernaban a los seres celestiales diciendo que ellas imponían restricciones innecesarias. Siendo que los ángeles eran de naturaleza santa, insistía en que estos debían obedecer los dictados de su propia voluntad. Que Dios había obrado con injusticia al otorgarle supremo honor a Cristo. Él alegaba que no se proponía la exaltación propia sino que estaba tratando de lograr libertad para todos los habitantes del cielo, con el fin de que ellos alcanzaran una existencia superior.

Dios soportó por largo tiempo a Lucifer. Este no fue degradado de su posición exaltada aun cuando empezó a presentar declaraciones falsas ante los ángeles. Una y otra vez se le ofreció perdón a condición de arrepentimiento y sumisión. Se hicieron esfuerzos que solo el amor infinito podía idear para convencerlo de su error. El descontento nunca se había conocido en el cielo. Lucifer mismo, al principio, no entendía la verdadera naturaleza de sus sentimientos. Cuando comprobó que su insatisfacción no tenía causa, Lucifer se convenció de que los principios divinos eran justos y de que él debía reconocerlos ante todo el cielo. Si hubiera hecho esto, se habría salvado a sí mismo y a muchos ángeles. Si hubiera estado dispuesto a regresar a Dios, y se hubiese sentido satisfecho de ocupar el lugar que le fuera señalado, habría sido restablecido en su función. Pero el orgullo le impidió someterse. Sostuvo que no tenía necesidad de arrepentirse, y se empeñó totalmente en el gran conflicto contra su Hacedor.

Todas las facultades de su mente maestra se empeñaron ahora en una obra de engaño para asegurarse la simpatía de los ángeles. Satanás afirmó que había sido juzgado erróneamente y que su libertad había sido restringida. Con engañosas interpretaciones de las palabras de Cristo, trató de usar falsedades, acusando al Hijo de Dios de que deseaba humillarlo ante los habitantes del cielo.

A todos aquellos a quienes no podía sobornar y ganar para su lado, los acusaba de indiferencia a los intereses de los seres celestiales. Usaba el recurso de falsear el carácter del Creador. Su método consistía en llevar la perplejidad a la mente de los ángeles con argumentos sutiles en cuanto a los propósitos de Dios. Todo lo que era sencillo lo envolvía en el misterio y, mediante una perversión astuta, arrojaba dudas sobre las más sencillas declaraciones de Dios. Su alta posición daba más fuerza a sus argumentos. Muchos fueron inducidos a unirse con él en la rebelión.

El descontento culmina en una rebelión abierta – Dios, en su sabiduría, permitió que Satanás llevara adelante su obra, hasta que el espíritu de descontento maduró en la revuelta. Era necesario que sus planes se desarrollaran plenamente, para que su verdadera naturaleza pudiera ser apreciada por todos. Lucifer era grandemente amado por los seres angelicales, y su influencia sobre ellos era poderosa. El gobierno de Dios incluía no solamente a los habitantes del cielo, sino también de todos los mundos que él había creado; y Satanás pensó que si él podía llevar consigo a los ángeles en su rebelión, también podía hacerlo en los otros mundos. Empleando la astucia y el fraude, su poder para engañar fue muy grande. Aun los ángeles leales no pudieron discernir plenamente su carácter ni ver a qué cosa estaba conduciendo su obra.

Satanás había sido tan altamente honrado, y todos sus actos estaban tan revestidos de misterio, que era difícil que los ángeles descubrieran la verdadera naturaleza de su obra. Hasta que no se desarrolla plenamente, el pecado no aparece como el mal que realmente es. Los seres celestiales no podían discernir las consecuencias de apartarse de la Ley divina pues, al comienzo, Satanás aparentaba promover el honor de Dios y el bien de todos los habitantes del cielo.

En su relación con el pecado, Dios podía emplear solo la justicia y la verdad. Satanás podía usar lo que Dios no podía: la adulación y el engaño. El verdadero carácter del usurpador debía ser entendido por todos. Debía tener tiempo para automanifestarse mediante sus obras malvadas.

Satanás culpaba a Dios de la discordia que su propia conducta había causado en el cielo. Todo el mal, declaraba él, era el resultado de la administración divina. Por tanto, era necesario que se evidenciaran las consecuencias de los cambios que él proponía en la Ley divina. Es decir, su propia obra debía condenarlo; el universo entero debía ver al engañador desenmascarado.

Aun cuando se decidió que él no podía quedar más en el cielo, la Sabiduría infinita no destruyó a Satanás. La lealtad de las criaturas de Dios debe descansar sobre la confianza en la justicia divina. Los habitantes del cielo y de los otros mundos, al no estar preparados entonces para comprender las consecuencias del pecado, no habrían visto la justicia y la misericordia de Dios en la destrucción de Satanás. Si él hubiera sido inmediatamente eliminado de la existencia, ellos habrían servido a Dios por temor antes que por amor. La influencia del engañador no habría sido completamente destruida, ni erradicado el espíritu de rebelión. Por el bien del universo a través de las edades eternas, Satanás debía desarrollar más plenamente sus principios, para que sus acusaciones contra el gobierno divino pudieran ser vistas tal como son por todos los seres creados.

> Dios dio evidencia de su amor cediendo a su Hijo para que muriera por la raza caída.

La rebelión de Satanás habría de ser, para el universo, un testimonio de los terribles resultados del pecado. Su gobierno debía mostrar los frutos de apartarse de la autoridad divina. La historia de este terrible experimento de rebelión habría de ser una salvaguardia perpetua para todas las santas inteligencias, con el fin de salvarlas del pecado y de su castigo.

Cuando se anunció que, junto con todos sus simpatizantes, el gran usurpador debía ser arrojado de las moradas de bendición, el dirigente rebelde abiertamente declaró su desacato a la Ley del Creador. Denunció los estatutos divinos como una restricción de la libertad y afirmó su propósito de obtener la abolición de la Ley. Libres de esta restricción, las huestes del cielo podrían entrar en un estado de existencia más exaltado.

Expulsado del cielo – Satanás y su hueste arrojaron la culpa de su rebelión sobre Cristo; declararon que si no hubieran sido reprobados nunca se habrían rebelado. Contumaces y desafiantes, y sin embargo reclamando en forma blasfema ser víctimas inocentes de un poder opresivo, el archirrebelde y sus simpatizantes fueron expulsados del cielo (ver Apocalipsis 12:7-9).

El espíritu de Satanás todavía inspira rebelión sobre la Tierra en los hijos de desobediencia. A semejanza de él, estos prometen a los hombres libertad para transgredir la Ley de Dios. La reprobación del pecado todavía despierta odio. Satanás induce a los hombres a justificarse a sí mismos y a buscar la simpatía de otros en su pecado. En lugar de corregir sus errores, excitan indignación contra quien los reprueba, acusándolo de ser la causa de la dificultad.

Usando la misma falsa representación del carácter de Dios que él había practicado en el cielo, haciendo que se considere a Dios como severo y tiránico, Satanás indujo al hombre a pecar. Luego declaró que las restricciones de Dios son injustas y que ellas condujeron al hombre a la caída, así como lo han inducido a él mismo a su rebelión.

Al expulsar a Satanás del cielo, Dios manifestó su justicia y su honor. Pero, cuando el hombre pecó, Dios le dio evidencia de su amor cediendo a su Hijo para que muriera por la raza caída. En la expiación se revela el carácter de Dios. El poderoso argumento de la cruz demuestra que el pecado de ninguna manera podía atribuirse al gobierno de Dios. Durante el ministerio terrenal del Salvador, el gran engañador fue desenmascarado. La atrevida blasfemia de su exigencia de que Cristo le rindiera homenaje, la malicia siempre creciente con que lo persiguió de lugar en lugar, inspirando el corazón de los sacerdotes y el del pueblo a rechazar su amor y a gritar: "¡Crucifícalo! ¡Crucifícalo!", todo esto despertó el asombro y la indignación del universo. El príncipe del mal ejerció todo su poder y su astucia para destruir a Jesús. Satanás empleó a hombres como agentes suyos para llenar la vida del Salvador con sufrimiento y dolor. Los fuegos acumulados de la envidia y la malicia, del odio y la venganza, explotaron en el Calvario contra el Hijo de Dios.

En ese lugar la culpa de Satanás se destacó sin excusa; reveló sus verdaderos sentimientos. Las acusaciones mentirosas del diablo contra el carácter divino aparecieron con toda claridad. Él había acusado a Dios de buscar la exaltación de sí mismo al exigir obediencia de parte de sus criaturas, y había declarado que el Creador exigía la abnegación de parte de los demás pero no practicaba ninguna abnegación ni hacía sacrificio alguno. Ahora se veía que el Gobernante del universo había hecho el mayor sacrificio que el amor puede realizar, pues "Dios estaba en Cristo reconciliando consigo al mundo" (2 Corintios 5:19). Con el fin de destruir el pecado, Cristo se había humillado a sí mismo y había llegado a ser obediente hasta la muerte.

Un argumento en favor del hombre – Todo el cielo vio la justicia de Dios revelada. Lucifer había aseverado que la raza pecadora estaba más allá de toda redención. Pero la penalidad de la Ley cayó sobre el Ser que era igual a Dios, y el hombre estaba libre para aceptar la justicia de Cristo y, por medio del arrepentimiento y la humillación, triunfar sobre el poder de Satanás.

Pero no fue solamente para redimir al hombre que Cristo vino a la Tierra a morir. Él vino a demostrar a todos los mundos que la Ley de Dios es incambiable. La muerte de Cristo prueba que ella es inmutable, y demuestra que la justicia y la misericordia son el fundamento del gobierno de Dios. En el juicio final se verá que no existe ninguna causa para el pecado. Cuando el Juez de toda la Tierra interrogue a Satanás: "¿Por qué te has rebelado contra mí?", el originador del pecado no podrá presentar ninguna excusa.

En el clamor que señaló la muerte del Salvador, "sonó el toque de agonía de Satanás". El gran conflicto,* que había durado tanto tiempo, quedó entonces definido; la erradicación final del mal, asegurada. Cuando venga "el día ardiente como un horno... todos los soberbios y todos los que hacen maldad serán estopa. Aquel día que vendrá los abrasará, dice Jehová de los ejércitos, y no les dejará ni raíz ni rama" (Malaquías 4:1).

Nunca volverá a manifestarse el mal. La Ley de Dios será honrada como la ley de la libertad. Habiendo pasado por tal prueba y experiencia, la creación no se apartará nunca más de la lealtad al Ser cuyo carácter quedó manifestado como un amor insondable y una sabiduría infinita.

---

* El "gran conflicto" entre Cristo y Satanás es sobre el carácter de Dios, su justicia y su ley.

2 Esperanza de triunfo sobre el mal

"Pondré enemistad entre ti y la mujer, y entre tu simiente y la simiente suya; esta te herirá en la cabeza, y tú la herirás en el talón" (Génesis 3:15). Esta enemistad no es natural. Cuando el hombre violó la ley divina, su naturaleza se corrompió, llegando a ser semejante a la de Satanás. Los ángeles caídos y los hombres perversos se unieron en un compañerismo desesperado. Si Dios no se hubiera interpuesto, Satanás y el hombre hubieran conformado una alianza contra el cielo, y toda la familia humana se habría unido en oposición a Dios.

Cuando Satanás oyó que debía existir enemistad entre él y la mujer, y entre su simiente y la simiente de la mujer, supo que, utilizando algún medio, el hombre habría de ser capacitado para resistir su poder.

La gracia de Cristo – Cristo implanta en el hombre enemistad contra Satanás. Sin esta gracia convertidora y este poder renovador, el hombre continuaría siendo un siervo siempre dispuesto a realizar los deseos de Satanás. Pero el nuevo principio creaba en el alma un conflicto; el poder que Cristo imparte capacita al hombre para resistir al tirano. El aborrecer el pecado en vez de amarlo revela un principio que es totalmente de arriba.

El antagonismo entre Cristo y Satanás se manifestó en forma notable en la recepción que el mundo le tributó a Jesús. La pureza y la santidad de Cristo le acarrearon el odio de los impíos. El renunciamiento propio que él demostró era una reprobación perpetua para el pueblo orgulloso y sensual. Satanás y los malos ángeles se unieron con los hombres perversos contra el Campeón de la verdad. La misma enemistad se manifiesta hacia los seguidores de Cristo. Todos los que resisten la tentación despertarán la ira de Satanás. Cristo y Satanás no pueden armonizar. "Todos los que quieren vivir piadosamente en Cristo Jesús padecerán persecución" (2 Timoteo 3:12).

Los agentes de Satanás tratan de engañar a los seguidores de Cristo y seducirlos para que abandonen su lealtad. Pervierten las Escrituras para conseguir su objetivo. El espíritu que dio muerte a Cristo mueve a los malvados con el deseo de destruir a los cristianos. Todo esto se predijo: "Pondré enemistad entre ti y la mujer, y entre tu simiente y la simiente suya".

¿Por qué es que Satanás no encuentra mayor resistencia? Porque los soldados de Cristo tienen muy poca relación verdadera con Cristo. El pecado no es repulsivo para ellos como lo era para su Maestro. No le hacen frente con decidida resistencia. Están cegados en cuanto al carácter del príncipe de las tinieblas. Multitudes no saben que su enemigo es un general poderoso que guerrea contra Cristo. Aun los ministros del evangelio descuidan las evidencias de su actividad. Parecen ignorar su verdadera existencia.

Un enemigo vigilante – Este enemigo vigilante está introduciendo su presencia en cada hogar, en cada calle, en las iglesias, en los concilios nacionales y en las cortes de justicia, creando perplejidad, engañando, seduciendo y arruinando por doquiera el alma y el cuerpo de hombres, mujeres y niños. Quebranta la unión familiar sembrando odios, disensiones, sediciones y homicidios. Y el mundo parece considerar estas cosas como si Dios las hubiera ideado y como si ellas debieran existir. Todos los que no son seguidores decididos de Cristo son siervos de Satanás. Cuando los cristianos eligen la sociedad de los impíos, se exponen a sí mismos a la tentación. Satanás se les oculta de la vista y cubre sus ojos con su manto engañador.

La conformidad con las costumbres mundanas convierte a las iglesias al mundo; nunca convierte al mundo a Cristo. La familiaridad con el pecado hará que éste aparezca menos repulsivo. Cuando afrontamos pruebas en el camino del deber, podemos estar seguros de que Dios nos protegerá; pero si nos colocamos a nosotros mismos bajo la tentación, tarde o temprano caeremos.

El tentador a menudo obra con más éxito por medio de aquellos de quienes menos se sospecha que estén controlados por su poder. Los talentos y la cultura son dones de Dios; pero cuando estas cosas lo separan a uno de él, se convierten en una trampa. Más de un hombre de cultura intelectual y de maneras agradables es un instrumento pulido en las manos de Satanás.

Nunca olvidemos las advertencias inspiradas que han resonado a través de los siglos hasta nuestro tiempo: "Sed sobrios, y velad, porque vuestro adversario el diablo, como león rugiente, anda alrededor buscando a quien devorar" (1 S. Pedro 5:8). "Vestíos de toda la armadura de Dios, para que podáis estar firmes contra las asechanzas del diablo" (Efesios 6:11). Nuestro gran enemigo se está preparando para su última campaña. Todos los que sigan a Jesús estarán en conflicto con este enemigo. Cuanto más de cerca el cristiano imite al Modelo divino, más infaliblemente se hará blanco de los asaltos del diablo.

Satanás atacó a Cristo con fiereza y tentaciones sutiles; pero fue rechazado en todo conflicto. Esas victorias que él obtuvo hacen que también nosotros podamos vencer. Cristo dará fuerza a todos los que la busquen. Ningún hombre, sin su propio consentimiento, puede ser obligado por Satanás. El tentador no tiene el poder para controlar la voluntad o para forzar al alma a pecar. Puede causar aflicción, pero no contaminación. El hecho de que Cristo triunfó debe inspirar en sus seguidores el valor para pelear la batalla contra el pecado y contra Satanás.

Los ángeles ayudan – En las Escrituras se describen claramente a los ángeles de Dios y a los malos espíritus, y cómo interactúan con la historia humana. Los santos ángeles son enviados para servir a "los que serán herederos de la salvación" (Hebreos 1:14). Los ángeles –buenos o malos– son considerados por muchos como espíritus de los muertos. Pero las Escrituras demuestran que no se trata de espíritus desencarnados de los muertos.

Antes de la creación del hombre, los ángeles ya existían, pues cuando eran puestos los fundamentos de la Tierra, "alababan todas las estrellas del alba, y se regocijaban todos los hijos de Dios" (Job 38:7). Después de la caída del hombre, antes que hubiera muerto algún ser humano, fueron enviados ángeles a guardar el árbol de la vida. Los ángeles son superiores a los hombres, porque el hombre fue "hecho poco menor que los ángeles" (Salmo 8:5).

Dijo el profeta: "Oí la voz de muchos ángeles alrededor del trono". Ellos sirven en la presencia del Rey de reyes, pues son "ministros suyos", que hacen "su voluntad", "obedeciendo a la voz de su precepto" (Apocalipsis 5:11; Salmo 103:20, 21). San Pablo dice que son "huestes innumerables" (Hebreos 12:22, VM). Como mensajeros de Dios, van y vienen como "relámpagos" (Ezequiel 1:14); así de veloz es su vuelo. El ángel que apareció en la tumba del Señor, y cuyo "aspecto era como un relámpago", hizo que los guardias temblaran de miedo y quedaran "como muertos" (S. Mateo 28:3, 4). Cuando Senaquerib blasfemó contra Dios y amenazó a Israel, "salió el ángel de Jehová y mató en el campamento de los asirios a ciento ochenta y cinco mil" (2 Reyes 19:35).

Los ángeles son enviados con misiones de misericordia a los hijos de Dios. A Abrahán fueron enviados con promesas de bendición; a Lot, para rescatarlo de la condenación de Sodoma; a Elías, porque estaba por perecer en el desierto; a Eliseo, con carruajes y caballos de fuego cuando fue asediado por sus enemigos; a Daniel, cuando estaba abandonado como presa de los leones; a San Pedro, estando condenado a muerte en la cárcel de Herodes; a los presos de Filipos; a San Pablo, en la noche de la tempestad sobre el mar; a Cornelio, para abrir su mente con el fin de que pudiera recibir el evangelio; para enviar a San Pedro con el mensaje de salvación a un extranjero; etc. Así los santos ángeles han servido a los hijos de Dios.

Los ángeles guardianes – Un ángel guardián ha sido señalado para acompañar a todo seguidor de Cristo. "El ángel de Jehová acampa alrededor de los que le temen, y los defiende". Dijo el Salvador, hablando de los que creen en él: "No menospreciéis a uno de estos pequeños, porque os digo que sus ángeles en los cielos ven siempre el rostro de mi Padre" (Salmo 34:7; S. Mateo 18:10). El pueblo de Dios, teniendo que hacer frente a la vigilante malicia del príncipe de las tinieblas, tiene la seguridad de la protección incesante de los ángeles. Tal seguridad es dada porque existen poderosos agentes del mal que han de ser confrontados: fuerzas numerosas, decididas e incansables.

Ángeles malignos se oponen a los planes de Dios – Los malos espíritus, creados al comienzo como seres sin pecado, eran iguales en naturaleza, poder y gloria a los santos ángeles que ahora son mensajeros de Dios. Pero al caer debido al pecado, se aliaron para deshonrar a Dios y destruir a los hombres. Unidos con Satanás en rebelión, cooperan en la guerra contra la autoridad divina.

La historia del Antiguo Testamento menciona su existencia, pero fue durante el tiempo cuando Cristo estuvo en la Tierra que los malos espíritus manifestaron su poder de la manera más notable. Cristo había venido a redimir al hombre, y Satanás se había propuesto controlar al mundo. Él había tenido éxito en establecer la idolatría en toda la Tierra, excepto en Palestina. Cristo vino al único país que no se había entregado totalmente al tentador, extendiendo sus brazos de amor, invitando a todos a encontrar perdón y paz en él. Las huestes de las tinieblas comprendieron que si la misión de Cristo tenía éxito, su reino terminaría pronto.

En el Nuevo Testamento se declara que había hombres poseídos por demonios. Las personas que sufrían de esta manera no eran afligidas sencillamente por una enfermedad debida a causas naturales; Cristo reconoció la presencia directa y la obra de los malos espíritus. Los endemoniados de Gadara, maníacos miserables, se retorcían, echaban espumarajos por la boca, se hacían violencia a sí mismos y constituían un peligro para todos los que se les acercaban. Sus cuerpos sangrantes y desfigurados, así como sus mentes trastornadas, resultaban un espectáculo muy agradable para el príncipe de las tinieblas. Uno de los demonios que dominaban a estos afligidos declaró: "Legión me llamo, porque somos muchos" (S. Marcos 5:9). En el ejército romano una legión consistía en tres a cinco mil hombres. A la orden de Jesús los malos espíritus abandonaron a sus víctimas, quedando éstas tranquilas, en uso de su razón y afables. Pero los demonios ahogaron a una piara de cerdos en el mar, y para los habitantes de Gadara esa pérdida era más importante que la bendición que Cristo había concedido; y pidieron que el Sanador divino se retirara (ver S. Mateo 8:23-34). Echándole la culpa de su pérdida a Jesús, Satanás suscitó los temores egoístas del pueblo y les impidió escuchar las palabras del Salvador.

Cristo permitió que los malos espíritus destruyeran a los cerdos como una reprobación a los judíos que estaban criando esos animales inmundos para obtener ganancias. Si Cristo no hubiera restringido a los demonios, éstos no solamente habrían sumergido a los cerdos en el mar, sino también a quienes los cuidaban y a los dueños.

Además, este acontecimiento fue permitido para que los discípulos, presenciando el poder cruel de Satanás tanto sobre los hombres como sobre los animales, no fueran engañados por sus trampas. Era también el propósito de Dios que el pueblo contemplara su poder para quebrantar la esclavitud de Satanás y libertar a sus cautivos. Aunque Jesús partió de allí, los hombres liberados de manera tan maravillosa permanecieron para declarar la misericordia de su Benefactor.

Se registraron otros casos: la hija de una mujer sirofenicia, terriblemente afligida por un mal espíritu, al cual Jesús echó mediante su palabra (ver S. Marcos 7:24-30); el joven que tenía un espíritu que a menudo lo arrojaba en el fuego y el agua para destruirlo (S. Marcos 9:17-27); el maniático, atormentado por un espíritu de demonio inmundo, que perturbaba la tranquilidad del sábado en la sinagoga de Capernaum (S. Lucas 4:33-36); todos éstos fueron sanados por el Salvador. En casi

> El hecho de que Cristo triunfó debe inspirar en sus seguidores el valor para pelear la batalla contra el pecado y contra Satanás.

todos los casos, Cristo se dirigió al demonio como a una entidad inteligente, ordenándole que dejara de atormentar a su víctima. Los adoradores de Capernaum se asombraron "y se decían unos a otros: ¿Qué palabra es ésta, que con autoridad y poder manda a los espíritus impuros, y salen?" (S. Lucas 4:36).

Con el propósito de obtener poder sobrenatural, algunos daban la bienvenida a la influencia satánica. Estos, por supuesto, no tenían conflicto con los demonios. A esta clase pertenecían los que poseían el espíritu de adivinación: Simón el mago, Elimas el hechicero, y la joven que seguía a Pablo y Silas en Filipos (ver Hechos 8:9, 18; 13:8; 16:16-18).

Peligro — Nadie está en mayor peligro que los que niegan la existencia del diablo y sus ángeles. Muchos prestan atención a sus sugerencias mientras suponen que están siguiendo su propia sabiduría. A medida que nos acerquemos al fin del tiempo, cuando Satanás ha de obrar con mayor poder para engañar, hará circular por doquiera la creencia de que él no existe. Su treta consiste en ocultarse a sí mismo y esconder sus métodos de trabajo.

El gran engañador teme que lleguemos a familiarizarnos con sus procedimientos. Para disfrazar su verdadero carácter ha hecho que sea representado de tal manera que se lo considere algo ridículo o despreciable. Le agrada ser pintado como deforme o repugnante, mitad animal y mitad hombre. Le gusta oír su nombre usado como objeto de diversión y de burla. Debido a que se ha disfrazado con consumada habilidad, muchos preguntan: "¿Existe realmente un ser semejante?" Debido a que Satanás puede dominar con rapidez la mente de quienes son inconscientes de su influencia, la Palabra de Dios descubre ante nosotros sus fuerzas secretas y así nos coloca en guardia.

Seguridad en Jesús – Podemos hallar asilo y liberación en el poder superior de nuestro Redentor. Solemos asegurar cuidadosamente nuestras casas con cerrojos y candados para proteger nuestra propiedad y nuestra vida de los malos hombres, pero rara vez pensamos en los ángeles malos, contra cuyos ataques no tenemos defensa alguna si dependemos de nuestra propia fuerza. Si lo permitimos, ellos pueden desequilibrar nuestra mente, atormentar nuestro cuerpo, y destruir nuestras posesiones y nuestra vida. Pero los que siguen a Cristo están seguros bajo su cuidado, pues los protegen ángeles que los superan en fuerza. El maligno no puede atravesar la protección que Dios ha colocado en torno a su pueblo.

3 Seducciones peligrosas

El gran conflicto entre Cristo y Satanás pronto ha de finalizar, y el maligno redobla sus esfuerzos para hacer fracasar la obra de Cristo en favor del hombre. El objetivo que el diablo trata de lograr es, hasta que termine la mediación del Salvador, mantener a las personas en la impenitencia y la oscuridad. Cuando en la iglesia prevalece la indiferencia, él no se preocupa. Pero cuando las almas preguntan: "¿Qué debo hacer para ser salvo?", entonces se hace presente para oponerse con su poder a Cristo y contrarrestar la influencia del Espíritu Santo.

En una ocasión, cuando los ángeles vinieron a presentarse delante del Señor, Satanás también vino, no para reverenciar al Rey eterno, sino para hacer triunfar sus malignos designios contra los justos (ver Job 1:6). Y así también ahora está presente cuando los hombres se reúnen para realizar un culto, y trabaja con diligencia para dominar la mente de los adoradores. Cuando ve al mensajero de Dios estudiando las Escrituras, toma nota del tema que ha de ser presentado. Entonces hace uso de toda su astucia y pericia para arreglar las cosas de tal modo que el mensaje de la vida no llegue a aquellos a quienes está engañando precisamente en ese punto. Quienes más necesitan la amonestación serán urgidos a ocuparse en algún negocio, o impedidos de alguna otra manera, para que no escuchen la Palabra.

Satanás ve a los siervos de Dios agobiados a causa de la oscuridad que rodea al pueblo. Él escucha sus oraciones por medio de las cuales piden gracia divina y poder para quebrantar el ensalmo de la indiferencia y la indolencia. Entonces, con renovado celo, tienta a los hombres a complacer el apetito o cualquier otra forma de sensualidad, y así adormece sus sensibilidades de manera que dejen de escuchar precisamente las cosas que más necesitan aprender.

Satanás sabe que todos los que descuidan la oración y el estudio de la Biblia serán vencidos por sus ataques. Por tanto inventa todo recurso posible para ocupar su mente. Sus ayudadores, que son su mano derecha, están siempre activos cuando Dios trabaja. Ellos presentarán a los más fervientes y abnegados siervos de Cristo como engañados o engañadores. Su obra consiste en torcer los motivos de todo acto noble, hacer circular insinuaciones y levantar sospechas en la mente de los que carecen de experiencia. Pero puede verse fácilmente de quién son hijos, el ejemplo de quién siguen y la obra de quién realizan. "Por sus frutos los conoceréis" (S. Mateo 7:16; ver también Apocalipsis 12:10).

La verdad santifica – El gran engañador tiene muchas herejías preparadas para adecuarse a los diversos gustos de aquellos a quienes quiere arruinar. Su plan consiste en introducir en la iglesia elementos hipócritas, no regenerados, que estimularán la duda y la incredulidad. Muchos que no tienen verdadera fe en Dios aceptan solo algunos principios de verdad y pasan por cristianos, y así pueden introducir errores como si fueran doctrinas de las Escrituras. Satanás sabe que la verdad, recibida con amor, santifica el alma. Por tanto, trata de sustituirla por falsas teorías, fábulas y otro evangelio. Desde el comienzo, los siervos de Dios han luchado contra falsos maestros, que no son solamente hombres viciosos, sino también quienes enseñan falsedades fatales para el alma. Elías, Jeremías, San Pablo, firmemente se opusieron a los que apartaban a los hombres de la Palabra de Dios. El liberalismo que considera una fe correcta como algo sin importancia no encontraba el favor de los santos defensores de la verdad.

Las interpretaciones vagas y fantasiosas de las Escrituras, y las teorías conflictivas que imperan en el mundo cristiano, son obra de nuestro gran adversario para crear confusión mental. La discordia y la división entre las iglesias se deben en gran medida a la costumbre de torcer las Escrituras para tratar de fundamentar una idea favorita.

Con el propósito de sostener doctrinas erróneas, algunos se valen de pasajes de la Biblia separados de su contexto, mencionando solamente la mitad de un versículo para probar su punto, cuando la porción restante muestra que el significado es lo opuesto. Con la astucia de la serpiente, se atrincheran detrás de declaraciones desconectadas que usan para satisfacer deseos carnales. Otros se valen de figuras y símbolos, los interpretan para acomodarlos a su fantasía, con poca consideración hacia el testimonio de la Escritura como su propio intérprete, y entonces presentan sus ideas ilusorias como enseñanzas de la Biblia.

> **La Biblia entera debe ser dada al pueblo tal como está.**

La Biblia entera es una guía – Cuando se emprende el estudio de las Escrituras sin un espíritu de oración ni disposición a aprender, los pasajes más sencillos son privados de su verdadero significado. La Biblia entera debe ser dada al pueblo tal como está.

Dios dio la segura palabra de la profecía; los ángeles y aun Cristo mismo vinieron para darles a conocer a Daniel y a San Juan las cosas que deben acontecer pronto (ver Apocalipsis 1:1). Los asuntos importantes que conciernen a nuestra salvación no fueron revelados de una manera tal que causaran perplejidad y desviaran a los que honradamente están buscando la verdad. La Palabra de Dios es clara para todos los que la estudian con espíritu de oración.

Bajo el clamor de "¡Liberalismo!"* los hombres son enceguecidos por los engaños de su adversario. Él tiene éxito en reemplazar la Biblia por especulaciones humanas; así la Ley de Dios es puesta a un lado y las igle-

---

* Es la aceptación de una mente abierta, o la tolerancia de diversos puntos de vista, independientemente de si las ideas expresadas concuerdan con la Biblia.

sias se hallan bajo la esclavitud del pecado mientras pretenden ser libres.

Dios ha permitido que un diluvio de luz inundara el mundo en materia de descubrimientos científicos. Pero aun las más poderosas mentes, si no son guiadas por la Palabra de Dios, se descarrían en sus intentos por investigar las relaciones que existen entre la ciencia y la Revelación.

El conocimiento humano es parcial e imperfecto; por tanto, muchos no pueden armonizar sus puntos de vista científicos con las Escrituras. Muchos aceptan meras teorías como hechos científicos, y piensan que la Palabra de Dios ha de ser probada por la "falsamente llamada ciencia" (1 Timoteo 6:20). Debido a que no pueden explicar al Creador y sus obras por las leyes naturales, consideran la historia bíblica indigna de confianza. Los que dudan del Antiguo Testamento y del Nuevo Testamento, demasiado a menudo dan un paso más y dudan de la existencia de Dios. Al perder su ancla, chocan contra las rocas de la incredulidad.

Una obra maestra de los engaños de Satanás es mantener a los hombres haciendo conjeturas con respecto a lo que Dios no ha revelado. Lucifer estaba insatisfecho porque no le fueron revelados todos los secretos de los propósitos de Dios, y entonces descuidó lo que había sido revelado. Ahora él trata de poner en los hombres el mismo espíritu y así hacer que también rechacen los mandatos directos de Dios.

Verdades rechazadas porque involucran una cruz – Cuanto menos espirituales se presenten las doctrinas y cuanto menos abnegación requieran, mayor será la aprobación con la que serán recibidas. Satanás está listo para satisfacer el deseo del corazón, y presenta el engaño en lugar de la verdad. Es así como el Papado logró dominar las mentes humanas. Y, al rechazar la verdad porque ella implica una cruz, los protestantes están siguiendo el mismo sendero. Todos los que procuren la conveniencia y la comodidad, para no estar en desacuerdo con el mundo, serán dejados para que reciban "herejías destructoras" como si fueran verdades (2 S. Pedro 2:1). Puede ser que alguno mire con horror algún engaño, pero recibirá prestamente otro.*

---

* En el libro completo, *El conflicto de los siglos*, los lectores encontrarán la historia de cómo la mayor parte del mundo cristiano se apartó gradualmente de las enseñanzas de la Biblia.

Errores peligrosos – Entre los agentes más engañosos del gran impostor están los milagros mentirosos del espiritismo. Cuando los hombres rechazan la verdad, caen presa de este engaño.

Otro error doctrinal es el negar la deidad de Cristo, y pretender que él no existió antes de su advenimiento a este mundo. Esta teoría contradice las declaraciones de nuestro Salvador relativas a su relación con el Padre y a su preexistencia. Mina la fe en la Biblia como una revelación de Dios. Si los hombres rechazan el testimonio de la Escritura concerniente a la deidad de Cristo, es en vano razonar con ellos; ningún argumento, por concluyente que sea, puede convencerlos. Ninguno de los que sostienen este error puede tener una verdadera concepción de Cristo o del plan de Dios para la redención del hombre.

Y otro error grave es la creencia de que Satanás no existe como un ser personal, que este nombre se usa en las Escrituras meramente para representar los malos pensamientos de los hombres y sus malos deseos.

También está la enseñanza de que la segunda venida de Cristo ocurre a la muerte de cada individuo, un argumento que distrae las mentes de la venida personal de Jesús en las nubes del cielo. Satanás ha estado diciendo: "Mirad, está en los aposentos" (ver S. Mateo 24:23-26), y muchos se han perdido por aceptar este engaño.

Además, los hombres de ciencia pretenden que no puede haber ninguna respuesta a la oración; esto sería una violación de las leyes naturales, un milagro; y los milagros no existen, según ellos. El universo, dicen, está gobernado por leyes fijas, y Dios no hace nada contra esas leyes. Así presentan a Dios como sometido a sus propias leyes, como si estas pudieran anular la libertad de Dios.

¿No obraron milagros Cristo y sus apóstoles? El mismo Salvador está tan dispuesto a escuchar la oración de fe hoy como cuando anduvo en forma visible entre los hombres. Lo natural coopera con lo sobrenatural. Forma parte del plan de Dios el concedernos, en respuesta a la oración de fe, lo que no nos daría si no lo pidiéramos así.

Escepticismo hacia la Biblia – Las doctrinas erróneas enseñadas por las iglesias remueven los hitos fijados por la Palabra de Dios. Pocos se detienen con el rechazo de una sola verdad. Casi todos van descartando uno tras otro los principios de la verdad, hasta que se convierten en incrédulos.

Los errores de la teología popular han conducido a más de una persona al escepticismo. Es imposible para ellas aceptar doctrinas que violan el sentido común de la justicia, la misericordia y la benevolencia. Y, puesto que esas doctrinas son presentadas como enseñanzas de la Biblia, esas personas rehúsan recibir ese libro como la Palabra de Dios.

Por otra parte, otros miran la Palabra de Dios con desconfianza porque ella reprueba y condena el pecado. Los que no están dispuestos a obedecer sus requerimientos se esfuerzan por derrocar su autoridad. No pocos se convierten en incrédulos con el fin de justificar su descuido del deber. Otros, demasiado amantes de la comodidad, no quieren realizar nada que implique abnegación, y adquieren una reputación de sabiduría superior al criticar la Biblia.

Muchos sienten que es una virtud aliarse con la incredulidad, el escepticismo y la duda. Pero, bajo una apariencia de candor, se hallará que existe presunción y orgullo. Hay quienes se deleitan en encontrar en las Escrituras algo que confunda la mente de los demás. Algunos, al principio, razonan del lado erróneo por un mero amor a la controversia. Pero, habiendo expresado abiertamente su incredulidad, sienten que deben continuar manteniendo su posición. Así se unen a los impíos.

Suficientes evidencias – Dios ha dado en su Palabra evidencias suficientes de su carácter divino. Sin embargo, las mentes finitas no pueden comprender plenamente los propósitos del Infinito. "¡Cuán insondables son sus juicios e inescrutables sus caminos!" (Romanos 11:33). A pesar de todo esto podemos discernir la misericordia y el amor ilimitados unidos a su infinito poder. Nuestro Padre en los cielos nos revelará tanto como nos conviene conocer; y más allá de ese punto debemos confiar en la Mano que es omnipotente, en el Corazón que está lleno de amor.

Dios nunca quitará toda excusa para la incredulidad. Los que buscan ganchos para colgar sus dudas, los encontrarán. Y los que no quieren obedecer hasta que toda objeción haya sido quitada, nunca descubrirán la luz. El corazón irregenerado está en enemistad con Dios. Pero la fe es inspirada por el Espíritu Santo y florecerá al ser acogida. Nadie puede llegar a ser fuerte en la fe sin un esfuerzo determinado. Si los hombres se permiten cavilar, hallarán que sus dudas se confirmarán.

A la vez, los que dudan y desconfían de la seguridad de su gracia deshonran a Cristo. Son árboles improductivos que les quitan el sol a las otras plantas, y que las harán decaer y morir bajo su sombra destructora. La obra de la vida de estas personas aparecerá como un testimonio permanente en contra de ellas.

Existe solamente una línea de conducta que pueden seguir los que honradamente desean verse libres de las dudas: En lugar de poner en tela de juicio lo que no entienden, presten atención a la luz que ya brilla sobre ellos, y recibirán mayor luz.

Satanás puede presentar una falsificación tan cercana a la verdad que engañe a los que están dispuestos a ser engañados, a los que anhelan ahorrarse el sacrificio exigido por la verdad. Pero es imposible mantener bajo su poder a una sola alma que honradamente desea conocer la verdad a toda costa. Cristo es la verdad y la "luz verdadera que alumbra a todo hombre" que viene "a este mundo". "El que quiera hacer la voluntad de Dios, conocerá si la doctrina es de Dios" (S. Juan 1:9; 7:17).

> **Ningún hombre está seguro un día o una hora sin oración.**

El Señor permite que su pueblo se vea sujeto a la tremenda prueba de la tentación, no porque a él le plazca verlo en problemas, sino porque esto es esencial para la victoria final de sus hijos. Dios, consecuentemente con su propia gloria, no puede protegerlos completamente de la tentación, pues el objetivo de la prueba es prepararlos para resistir todas las seducciones del mal. Ni los hombres malos ni los demonios pueden impedir que el pueblo de Dios –si confiesa sus pecados y se aparta de ellos, y reclama el cumplimiento de las promesas– tenga la presencia divina. Toda tentación, abierta o secreta, puede ser resistida con éxito, "no con ejército, ni con fuerza, sino con mi Espíritu, ha dicho Jehová de los ejércitos" (Zacarías 4:6).

"¿Quién es aquel que os podrá hacer daño, si vosotros seguís el bien?" (1 S. Pedro 3:13). Satanás sabe bien que el alma más débil que habita en Cristo puede más que todas las huestes de las tinieblas. Por tanto busca apartar a los soldados de la cruz de su poderosa fortaleza, mientras que al mismo tiempo permanece al acecho, listo para destruir a los que se aventuran en su terreno. Podemos estar seguros solamente al confiar en Dios y al obedecer todos sus mandamientos.

Ningún hombre está seguro un día o una hora sin oración. Rueguen al Señor que les conceda sabiduría para entender su Palabra. Satanás es un experto en citar las Escrituras para dar su propia interpretación a ciertos pasajes, y mediante lo cual espera hacernos tropezar. Debemos estudiar con humildad de corazón. A la vez que debemos estar constantemente en guardia contra los engaños de Satanás, debemos orar con fe continuamente: "No nos dejes caer en tentación" (S. Mateo 6:13, VM).

4 Vida para siempre

Satanás, que incitó la rebelión en el cielo, procura que los habitantes de la Tierra se unan en su guerra contra Dios. Adán y Eva habían sido perfectamente felices obedeciendo la Ley de Dios; y esto era un constante testimonio contra la declaración que Satanás había hecho en el cielo de que la Ley de Dios era opresiva. Lucifer determinó ocasionar la caída de la pareja edénica, con el fin de poder poseer la Tierra y en ella establecer su reino en oposición al Altísimo.

Adán y Eva habían sido advertidos contra este adversario peligroso, pero él actuó de manera tenebrosa, ocultando sus propósitos. Empleando como su médium a la serpiente, la cual era de un aspecto fascinante, se dirigió a Eva con estas palabras: "¿Conque Dios os ha dicho: 'No comáis de ningún árbol del huerto'?" Eva se atrevió a dialogar con él y cayó víctima de sus trampas. "La mujer respondió a la serpiente: 'Del fruto de los árboles del huerto podemos comer, pero del fruto del árbol que está en medio del huerto dijo Dios: "No comeréis de él, ni lo tocaréis, para que no muráis" '. Entonces la serpiente dijo a la mujer: 'No moriréis. Pero Dios sabe que el día que comáis de él serán abiertos vuestros ojos y seréis como Dios, conocedores del bien y el mal' " (Génesis 3:1-5).

Eva cedió y, debido a su influencia, Adán fue inducido a pecar. Ellos aceptaron las palabras de la serpiente; desconfiaron de su Creador y se imaginaron que este les estaba restringiendo la libertad.

Pero, finalmente, ¿cómo comprendió Adán el significado de las palabras: "El día que de él comas, ciertamente morirás" (Génesis 2:17)? ¿Fue elevado a un grado más alto de existencia? Adán se dio cuenta de que no era este el significado de la sentencia divina. Dios declaró que, como penalidad por su pecado, el hombre volvería a ser tierra: "Polvo eres y al polvo volverás" (Génesis 3:19). Las palabras de Satanás: "Serán abiertos vuestros ojos", resultaron ser verdad solo en el sentido de que sus ojos fueron abiertos para discernir su locura. Conocieron el mal y probaron los amargos frutos de la transgresión.

El árbol de la vida tenía el poder de perpetuar la existencia. Si Adán hubiera continuado gozando de libre acceso a ese árbol, habría vivido para siempre; pero cuando pecó fue privado de llegar a él, y quedó sujeto a la muerte. La inmortalidad se perdió por causa de la transgresión. Y no habría habido ninguna esperanza para la raza caída si Dios, mediante el sacrificio de su propio Hijo, no hubiese puesto la inmortalidad a su alcance. Aunque "la muerte pasó a todos los hombres, por cuanto todos pecaron", Cristo "sacó a luz la vida y la inmortalidad por el evangelio". Solo por medio de Cristo puede obtenerse la inmortalidad. "El que cree en el Hijo tiene vida eterna; pero el que se niega a creer en el Hijo no verá la vida" (Romanos 5:12; 2 Timoteo 1:10; S. Juan 3:36).

La primera mentira – El que prometió vida en la desobediencia era el gran engañador. Y la declaración de la serpiente en el Edén –"No moriréis"– fue el primer sermón que se predicó sobre la inmortalidad del alma. Sin embargo, esta declaración, aunque descansa únicamente en la autoridad de Satanás, resuena desde los púlpitos y es recibida por la mayoría del género humano con tanta prontitud como lo hicieron nuestros primeros padres. A la divina sentencia: "El alma que peque, esa morirá" (Ezequiel 18:20), se le da el siguiente sentido: "El alma que peque no morirá, sino que vivirá eternamente". Si al hombre, después de su caída, se le hubiese permitido libre acceso al árbol de la vida, el pecado se habría inmortalizado. Pero ni un solo miembro de la familia de Adán tuvo permiso para participar del fruto vitalizador. Por tanto, no hay ningún pecador inmortal.

Después de la caída, Satanás pidió a sus ángeles que inculcaran la creencia en la inmortalidad natural del hombre. Y habiendo inducido a la gente a recibir este error, debían hacerle concluir que el pecador vivirá en una eterna miseria. A continuación el príncipe de las tinieblas representa a Dios como un tirano vengador que arroja en el infierno a todos los que no le agradan, y que, mientras ellos se queman en las llamas eternas, el Creador mira con satisfacción lo que les pasa. Así el archiengañador viste con sus atributos al Benefactor de la humanidad. La crueldad es satánica.

Dios es amor. Satanás es el enemigo que tienta al hombre a pecar y luego, si puede, lo destruye. ¡Cuán repugnante es para el amor, la misericordia y la justicia, la doctrina de que los pecadores muertos son atormentados en un infierno que arde eternamente, y de que por los pecados de una breve vida terrenal ellos sufren tortura por todo el tiempo que Dios viva!

¿Dónde, en la Palabra de Dios, se encuentra tal enseñanza? ¿Han de ser los sentimientos humanitarios reemplazados por la crueldad del salvaje? No, tal no es la enseñanza del Libro de Dios. "Vivo yo, dice Jehová, el Señor, que no quiero la muerte del impío, sino que se vuelva el impío de su camino y que viva. ¡Volveos, volveos de vuestros malos caminos! ¿Por qué habéis de morir?" (Ezequiel 33:11).

¿Se deleita Dios en presenciar torturas incesantes? ¿Se alegra él con los gemidos y los gritos de las criaturas que sufren, y a las cuales mantiene en las llamas? ¿Pueden estos horrendos sonidos ser música en los oídos del Amor infinito? ¡Oh, horrorosa blasfemia! La gloria de Dios no es exaltada en la perpetuación del pecado por los siglos sin fin.

La herejía del tormento eterno – La herejía del tormento eterno ha producido un gran mal. La religión de la Biblia, llena de amor y bondad, resulta oscurecida por la superstición y vestida de terror. Satanás ha pintado el carácter de Dios con colores falsos. Nuestro Creador misericordioso es recelado, temido y aun odiado. Los conceptos aterradores acerca de Dios, que se han esparcido por el mundo a partir de las enseñanzas impartidas desde el púlpito, han hecho millones de escépticos e incrédulos.

El tormento eterno es una de las falsas doctrinas, el vino de las abominaciones que Babilonia da de beber a todas las naciones (ver Apocalipsis 14:8; 17:2). Ministros de Cristo aceptaron esta herejía de Roma así como recibieron la enseñanza de un falso día de reposo.* Si nos apartamos de la Palabra de Dios y aceptamos falsas doctrinas porque nuestros padres las enseñaron, caemos bajo la condenación pronunciada sobre Babilonia; estamos bebiendo del vino de sus abominaciones.

Una numerosa clase de personas es inducida al error opuesto. Ellas ven que las Escrituras presentan a Dios como el ser de amor y compasión, y no pueden creer que él reducirá a sus criaturas a un infierno que arde y quema eternamente. Al creer que el alma es naturalmente inmortal, llegan a la conclusión de que todo el género humano será salvo. Así, el pecador puede vivir en sus placeres egoístas, desoyendo los requerimientos del Creador y, sin embargo, ser recibido en el favor de Dios. Tal doctrina, debido a que implica pensar presuntuosamente de la misericordia de Dios e ignorar su justicia, agrada al corazón carnal.

¿Todos se salvarán? – Los que creen en la salvación universal pervierten las Escrituras. El profeso ministro de Cristo reitera la falsedad pronunciada por la serpiente en el Edén: "No moriréis... El día que comáis de él serán abiertos vuestros ojos y seréis como Dios". Él declara que los más viles pecadores –el asesino, el ladrón, el adúltero– entrarán después de la muerte en un estado de bendita inmortalidad. ¡Una fábula agradable, por cierto, adecuada para satisfacer al corazón carnal!

Si fuera verdad que todos los hombres pasan directamente al cielo a la hora del fallecimiento, bien podríamos desear la muerte en lugar de la vida. Muchos han sido inducidos, por esta creencia, a poner fin a su existencia. Abrumados con dificultades y chascos, parece fácil quebrar el hilo de la vida y remontarse a la bendición del mundo inmortal.

Dios ha dado en su Palabra evidencias contundentes de que castigará a los transgresores de su Ley. ¿Es demasiado misericordioso como para ejecutar justicia con el pecador? Contemplen la cruz del Calvario. La muerte

* Para más información acerca del sábado, ver el capítulo 8 de este libro.

del Hijo de Dios testifica que "la paga del pecado es muerte" (Romanos 6:23), que toda violación de la Ley de Dios debe recibir retribución. Cristo, el Ser impecable, se hizo pecado por el hombre. Llevó la culpa de la transgresión y soportó el ocultamiento del rostro de su Padre hasta que su corazón fue quebrantado y su vida depuesta; y todo esto para que los pecadores pudieran ser redimidos. Por tanto, toda alma que rehúsa participar de la expiación provista a un precio semejante debe llevar sobre su propia persona la culpa y el castigo de la transgresión.

La condición está especificada –

"Al que tiene sed, le daré gratuitamente de la fuente del agua de vida". Esta promesa se hace solamente a los que tienen sed. "El vencedor heredará todas las cosas, y yo seré su Dios y él será mi hijo" (Apocalipsis 21:6, 7). Se especifica la condición para heredar todas las cosas: tenemos que vencer el pecado.

"No le irá bien al malvado" (Eclesiastés 8:13). El pecador está acumulando sobre sí "ira para el día de la ira y de la revelación del justo juicio de Dios, el cual pagará a cada uno conforme a sus obras": "tribulación y angustia sobre todo ser humano que hace lo malo" (Romanos 2:5, 6, 9).

> Solo por medio de Cristo puede obtenerse la inmortalidad.

"Ningún fornicario o inmundo, o avaro, que es idólatra, tiene herencia en el reino de Cristo y de Dios". "Seguid la paz con todos y la santidad, sin la cual nadie verá al Señor". "Bienaventurados los que lavan sus ropas, para tener derecho al árbol de la vida y para entrar por las puertas en la ciudad. Pero los perros estarán fuera, y los hechiceros, los fornicarios, los homicidas, los idólatras y aquel que ama y practica la mentira" (Efesios 5:5; Hebreos 12:14; Apocalipsis 22:14, 15).

Dios ha transmitido a los hombres declaraciones acerca de su modo de proceder con el pecado. "Destruirá a todos los impíos". "Los transgresores serán todos a una destruidos; la posteridad de los impíos será extinguida" (Salmo 145:20; 37:38). La autoridad del gobierno divino terminará la rebelión; sin embargo, la justicia retributiva será acorde con el carácter de Dios como Ser misericordioso y benévolo.

Dios no fuerza la voluntad. Él no se complace en una obediencia servil. Desea que las criaturas de sus manos lo amen porque él es digno de amor. Quiere que le obedezcan porque tienen un aprecio inteligente de su sabiduría, justicia y benevolencia.

Los principios del gobierno divino están en armonía con el precepto del Salvador: "Amad a vuestros enemigos" (S. Mateo 5:44). Dios ejecuta justicia sobre el malvado por el bien del universo y aun por el bien de aquellos que son motivo de sus juicios. Él quiere hacerlos felices, si puede. Los rodea de las manifestaciones de su amor y continúa sus ofertas de misericordia; pero ellos desprecian su amor, rechazan su ley y no aceptan su misericordia. Constantemente reciben sus dones, pero deshonran al Dador. El Señor tiene larga paciencia con la perversidad; pero a estos rebeldes, ¿los aprisionará con cadenas a su lado y los obligará a hacer su voluntad?

No preparados para ir al cielo – Los que eligieron a Satanás como su líder no están preparados para estar en la presencia de Dios. El orgullo, el engaño, el libertinaje y la crueldad se han fijado en sus caracteres. ¿Pueden entrar al cielo para morar para siempre con aquellos a quienes odiaban en la Tierra? La verdad jamás será agradable para un mentiroso; la mansedumbre no satisfará al engreído; la pureza no será aceptable para el corrupto; el amor desinteresado no resultará atractivo para el egoísta. ¿Qué gozo puede ofrecer el cielo para los absortos en sus intereses egoístas?

¿Podrían aquellos cuyo corazón está lleno de odio hacia Dios, un Dios de verdad y santidad, mezclarse con la multitud del cielo y unir sus cantos de alabanza con ella? Se les concedieron años de prueba y de gracia, pero ellos nunca educaron la mente para amar la pureza. Nunca aprendieron el lenguaje del cielo. Ahora es demasiado tarde.

Una vida de rebelión contra Dios los ha descalificado para el cielo. Su pureza y paz serían una tortura para ellos; la gloria de Dios sería un fuego consumidor. Anhelarían huir de ese lugar sagrado y darían la bienvenida a la destrucción, para esconderse del rostro del que murió para redimirlos. El destino de los malos es fijado por su propia elección. Su exclusión del cielo es voluntaria y ha sido elegida por ellos mismos, y a la vez es un acto justo y misericordioso por parte de Dios. Como las aguas del diluvio, los fuegos del día final declararán el veredicto divino de que los que persistieron en la maldad son incurables. Su voluntad ha sido ejercitada en la rebelión. Cuando termine la vida, será demasiado tarde para volver sus pensamientos de la transgresión a la obediencia, del odio al amor.

Dos destinos – "La paga del pecado es muerte, pero la dádiva de Dios es vida eterna en Cristo Jesús, Señor nuestro". Mientras la vida es la herencia de los justos, la muerte es la recompensa de los pecadores. En la Biblia se presenta "la muerte segunda" en contraste con la vida eterna (Romanos 6:23; Apocalipsis 20:14).

Como consecuencia del pecado de Adán, la muerte pasó a toda la raza humana. Todos van a la tumba de la misma manera. Y, por medio del plan de salvación, todos habrán de ser rescatados de la tumba: "Ha de haber resurrección de los muertos, así de justos como de injustos", porque "así como en Adán todos mueren, también en Cristo todos serán vivificados". Pero se establece una distinción entre las dos clases de personas que serán resucitadas: "Todos los que están en los sepulcros oirán su voz [la del Hijo del Hombre]; y los que hicieron lo bueno saldrán a resurrección de vida; pero los que hicieron lo malo, a resurrección de condenación" (Hechos 24:15; 1 Corintios 15:22; S. Juan 5:28, 29).

El fin del sufrimiento – Los que han sido "tenidos por dignos" de resucitar para la vida eterna son llamados dichosos y santos. "La segunda muerte no tiene poder sobre estos" (S. Lucas 20:35; Apocalipsis 20:6). Pero los que no hayan obtenido el perdón por medio del arrepentimiento y la fe deben recibir "la paga del pecado", el castigo "según sus obras" y terminar en "la muerte segunda".

Siendo que es imposible para Dios salvar al pecador en sus pecados, él lo priva de la existencia a la cual ha perdido el derecho y de la cual se ha manifestado indigno. "Dentro de poco no existirá el malo; observarás su lugar, y ya no estará allí". "Serán como si no hubieran existido" (Salmo 37:10; Abdías 16). Se hundirán indefectiblemente en un olvido eterno e irreparable.

Y así se pondrá fin al pecado. "Destruiste al malo, borraste el nombre de ellos eternamente y para siempre. Los enemigos han perecido; han quedado desolados para siempre" (Salmo 9:5, 6). San Juan, el autor del Apocalipsis, escuchó una antífona universal de alabanza no interrumpida por ninguna disonancia. Ni un alma perdida blasfemará a Dios mientras se quema en un tormento que nunca termina. Ningún ser desdichado en el infierno mezclará sus clamores con los cantos de los salvados.

Sobre el error de la inmortalidad natural descansa la doctrina de que los muertos son conscientes. Pero, a semejanza del tormento eterno, esta se opone a las Escrituras, a la razón y a nuestros sentimientos de humanidad.

De acuerdo con la creencia popular, los redimidos en el cielo están al tanto de todo lo que ocurre en la Tierra. Pero ¿cómo podrá haber felicidad para los muertos si están al tanto de todas las tribulaciones de los vivos, si los ven soportando dolores, sufrimientos, chascos y angustias en la vida? ¡Y cuán desconsoladora es la creencia de que tan pronto como se acaba el aliento de vida del cuerpo, el alma del impenitente es enviada a las llamas del infierno!

¿Qué dicen las Escrituras? Que el hombre no está consciente en la muerte: "Sale su aliento y vuelve a la tierra; en ese mismo día perecen sus pensamientos". "Los que viven saben que han de morir, pero los muertos nada saben... También perecen su amor y su odio y su envidia; y ya nunca más tendrán parte en todo lo que se hace debajo del sol". "El Seol [la tumba] no te exaltará, ni te alabará la Muerte; ni los que descienden al sepulcro esperarán en tu verdad. El que vive, el que vive, este te dará alabanza, como yo hoy". "En la muerte no hay memoria de ti; en el Seol [la tumba], ¿quién te alabará?" (Salmo 146:4; Eclesiastés 9:5, 6; Isaías 38:18, 19; Salmo 6:5).

San Pedro, en el Día de Pentecostés, declaró: "David... murió y fue sepultado, y su sepulcro está con nosotros hasta el día de hoy". "David no subió a los cielos" (Hechos 2:29, 34). Que David permanezca en la tumba hasta la resurrección prueba que los justos no van al cielo en ocasión de la muerte.

Resurrección a la vida eterna – Cuando estaba por dejar a sus discípulos, Jesús no les dijo que ellos irían pronto a reunírsele: "Voy, pues, a preparar lugar para vosotros. Y si me voy y os preparo lugar, vendré otra vez y os tomaré a mí mismo" (S. Juan 14:2, 3). El apóstol Pablo nos dice además que "el Señor mismo, con voz de mando, con voz de arcángel y con trompeta de Dios, descenderá del cielo. Entonces los muertos en Cristo resucitarán primero. Luego nosotros, los que vivimos, los que hayamos quedado, seremos arrebatados juntamente con ellos en las nubes para recibir al Señor en el aire, y así estaremos siempre con el Señor". Y añade: "Por tanto, alentaos los unos a los otros con estas palabras" (1 Tesalonicenses 4:16-18). A la venida del Señor, las cadenas de la tumba serán quebrantadas y los "muertos en Cristo" serán resucitados para vida eterna.

Todos han de ser juzgados de acuerdo con las cosas escritas en los libros y recompensados según sus obras. Este juicio no ocurre en ocasión de la muerte. "Por cuanto ha establecido un día en el cual juzgará al mundo con justicia". "¡He aquí que viene el Señor, con las huestes innumerables de sus santos ángeles, para ejecutar juicio sobre todos!" (Hechos 17:31; S. Judas 14, 15, VM).

> Dios no fuerza la voluntad. Él no se complace en una obediencia servil.

Pero si los muertos ya están gozando de la bienaventuranza del cielo o están retorciéndose en las llamas del infierno ¿qué necesidad hay de un juicio futuro? La Palabra de Dios puede ser entendida por las mentes comunes, pero ¿qué espíritu imparcial puede encontrar sabiduría o justicia en la teoría corriente? ¿Recibirán acaso los justos el elogio: "Bien, buen siervo y fiel... Entra en el gozo de tu Señor", cuando han estado morando en la presencia de Dios por largos siglos? ¿Se sacará a los malos del lugar de tormento para hacerles oír la siguiente sentencia del Juez de toda la Tierra: "Apartaos de mí, malditos, al fuego eterno" (S. Mateo 25:21, 41)?

La teoría de la inmortalidad del alma fue una de esas falsas doctrinas que Roma extrajo del paganismo. Martín Lutero la clasificó entre las "fábulas monstruosas que forman parte del estercolero romano de las decretales".[1] La Biblia enseña que los muertos duermen hasta la resurrección.

Inmortalidad cuando Cristo vuelva – ¡Bendito reposo para los justos cansados! El tiempo, sea largo o corto, es solamente un momento para ellos. Duermen; son despertados por la trompeta de Dios a una gloriosa inmortalidad: "Porque se tocará la trompeta, y los muertos serán resucitados incorruptibles... Cuando esto corruptible se haya vestido de incorrupción y esto mortal se haya vestido de inmortalidad, entonces se cumplirá la palabra que está escrita: 'Sorbida es la muerte en victoria'" (1 Corintios 15:52-54).

Llamados de su sueño, reanudarán el curso de sus pensamientos en el preciso lugar donde estos fueron interrumpidos por la muerte. La última sensación que sintieron fue la angustia de la muerte; el último pensamiento era que estaban cayendo bajo el poder de la tumba. Cuando se levanten del sepulcro, sus primeros pensamientos de regocijo hallarán expresión en el clamor triunfal: "¿Dónde está, muerte, tu aguijón? ¿Dónde, sepulcro, tu victoria?" (1 Corintios 15:55).

Referencia

1   E. Petavel, *The Problem of Immortality* [El problema de la inmortalidad], pág. 255.

5 Falsa esperanza

La doctrina de la inmortalidad natural, tomada primero de la filosofía pagana, e incorporada en la fe cristiana durante la época de tinieblas de la gran apostasía, ha sido colocada en lugar de la verdad de que "los muertos nada saben" (Eclesiastés 9:5). Multitudes creen que los espíritus de los muertos son "espíritus ministradores, enviados para servicio a favor de los que serán herederos de la salvación" (Hebreos 1:14).

La creencia de que los espíritus de los muertos regresan para ayudar a los vivos ha preparado el camino para el espiritismo moderno. Si los muertos resultan privilegiados con un conocimiento mucho mayor del que tenían anteriormente, ¿por qué no regresan a la Tierra e instruyen a los vivos?

Si los espíritus de los muertos pueden acercarse a sus amigos en la Tierra, ¿por qué no se comunican con ellos? ¿Cómo pueden los que creen que el hombre es consciente después de la muerte rechazar la "luz divina" comunicada por medio de espíritus glorificados? Aquí existe un medio considerado como sagrado a través del cual obra Satanás. Los ángeles caídos aparecen como mensajeros del mundo de los espíritus.

El príncipe del mal tiene poder para reproducir delante de los hombres la apariencia de amigos que han muerto. La falsificación es perfecta, lograda con exactitud maravillosa. Muchos resultan consolados con la seguridad de que sus amados están gozando en el cielo. Sin sospechar el peligro que ello implica, prestan oídos a "espíritus engañadores y a doctrinas de demonios" (1 Timoteo 4:1).

Personificando a los que fueron a la tumba sin estar preparados, dicen estar felices de ocupar posiciones exaltadas en el cielo. Supuestos visitantes del mundo de los espíritus a veces transmiten advertencias que resultan correctas. Entonces, cuando ganan la confianza, presentan doctrinas que minan la fe en las Escrituras. Que declaren ciertas verdades y a veces anuncien acontecimientos futuros les da una apariencia de confiabilidad, y sus falsas enseñanzas resultan aceptadas. La ley de Dios es anulada; el Espíritu de gracia, despreciado. Los espíritus niegan la deidad de Cristo y colocan al Creador al mismo nivel de ellos mismos.

Aunque es verdad que a veces se ha querido hacer pasar el fraude por manifestaciones genuinas, ha habido también notables exhibiciones de poder sobrenatural, los cuales son obras directas de los ángeles malignos. Muchos creen que el espiritismo es meramente una impostura humana. Pero cuando se encuentren frente a frente con manifestaciones que no puedan sino considerar como sobrenaturales, serán engañados y las aceptarán como el gran poder de Dios.

Con la ayuda de Satanás, los magos de Faraón falsificaron la obra de Dios (ver Éxodo 7:10-12). San Pablo testifica que la venida del Señor ha de ser precedida por la "obra de Satanás, [la cual] irá acompañado de hechos poderosos, señales y falsos milagros, y con todo engaño de iniquidad" (2 Tesalonicenses 2:9, 10). Y San Juan declara: "También hace grandes señales, de tal manera que incluso hace descender fuego del cielo a la tierra delante de los hombres. Engaña a los habitantes de la tierra con las señales que se le ha permitido hacer" (Apocalipsis 13:13, 14). Aquí no se predicen meras imposturas. Los hombres son engañados por milagros que los agentes de Satanás hacen, no que pretenden hacer.

Apelación a los intelectuales – A las personas cultas y refinadas el príncipe de las tinieblas les presenta el espiritismo en sus aspectos más refinados e intelectuales. Deleita la fantasía humana con escenas que cautivan, y con elocuentes imágenes de amor y caridad. Induce a los hombres a enorgullecerse tanto de su propia sabiduría que en su corazón desprecian al Eterno.

Satanás seduce a los hombres ahora como sedujo a Eva en el Edén: despertando la ambición de exaltación propia. Él dijo: "Seréis como Dios, conocedores del bien y el mal" (Génesis 3:5). El espiritismo enseña "que el hombre es un ser en constante progreso... que marcha hacia la Divinidad". Y de nuevo: "El juicio será justo, porque será el juicio que cada uno haga de sí mismo... El trono del tribunal está en nosotros mismos". También declara: "Toda persona justa y perfecta es Cristo".

Así, Satanás ha presentado la naturaleza del hombre como la única regla de juicio. Esto es progreso no hacia arriba sino hacia abajo. El hombre jamás se elevará más arriba que su propia norma de pureza o bondad. Si el yo es el ideal más elevado, nunca se alcanzará nada más exaltado. Solo la gracia de Dios tiene el poder de impulsar al hombre hacia arriba. La conducta del individuo que depende de sí mismo es necesariamente descendente.

> Solo la gracia de Dios tiene el poder de impulsar al hombre hacia arriba.

Apelación a los amadores de placeres

▬ A los egoístas, a los que aman el placer, a los sensuales, el espiritismo se presenta bajo un disfraz menos sutil. En sus formas groseras, ellos encuentran lo que está en armonía con sus propias inclinaciones. Satanás toma nota de los pecados que todo individuo está inclinado a cometer, y luego trata de que no falten oportunidades para gratificar esa tendencia. Tienta a los hombres mediante la intemperancia para debilitar sus facultades físicas, mentales y morales. Destruye a miles induciéndolos a ser complacientes con la pasión, embruteciendo la naturaleza humana. Y para completar su obra, los espíritus declaran que "el verdadero conocimiento coloca al hombre por encima de toda ley"; que "cualquier cosa es recta"; que "Dios no condena"; y que "***todos*** los pecados son inocentes". Cuando la gente cree que el deseo es la ley más elevada, que la libertad es licencia, que el hombre es responsable solo ante sí mismo, ¿quién puede admirarse de que la corrupción abunde por doquiera? Multitudes aceptan con avidez enseñanzas que incitan a la lascivia. Satanás arrastra y hace caer en su red a millares que profesan seguir a Cristo.

Pero Dios ha dado suficiente luz para descubrir la trampa. El mismo fundamento del espiritismo está en conflicto con las Escrituras. La Biblia declara que los muertos nada saben, que los pensamientos de ellos han perecido; que ya no tienen parte en los gozos o en los sufrimientos de los que viven sobre la Tierra.

Además, Dios ha prohibido la pretendida comunicación con los espíritus de los muertos. La Biblia declara que "los espíritus", como se ha denominado a estos visitantes de otros mundos, "son espíritus de demonios" (ver Números 25:1-3; Salmo 106:28; 1 Corintios 10:20; Apocalipsis 16:14). El tratar con ellos estaba prohibido bajo pena de muerte (ver Levítico 19:31; 20:27). Pero el espiritismo se ha abierto paso en los círculos científicos, ha invadido las iglesias y ha encontrado una favorable acogida en los cuerpos legislativos, aun en las cortes de los reyes. Este gigantesco engaño es un reavivamiento de la condenada brujería de antaño, cubierta ahora con un nuevo disfraz.

Al presentar la idea de que los hombres más viles están en el cielo, Satanás dice al mundo: "No importa que crean o no crean en Dios o en la Biblia; vivan como quieran; el cielo es el hogar de ustedes". Pero la Palabra de Dios declara: "¡Ay de los que a lo malo dicen bueno y a lo bueno malo; que hacen de la luz tinieblas y de las tinieblas luz!" (Isaías 5:20).

Se presenta la Biblia como ficción – Los apóstoles, personificados por espíritus mentirosos, suelen aparecer como contradiciendo lo que escribieron cuando estaban en la Tierra. Satanás hace creer al mundo que la Biblia es ficción, un libro adecuado para la infancia de la raza humana, pero que ha de ser considerado obsoleto. Así oscurece el Libro que ha de juzgarlo a él y a sus seguidores; y presenta al Salvador del mundo como un ser común. Y los que aceptan las manifestaciones del espiritismo sostienen que no hay nada milagroso en la vida de nuestro Salvador. Declaran que los milagros que ellos hacen son superiores a las obras de Cristo.

El espiritismo está actualmente asumiendo una apariencia cristiana. Pero sus enseñanzas no pueden negarse ni esconderse. En su forma presente, es un engaño de los más peligrosos y sutiles. Ahora profesa aceptar a Cristo y la Biblia, pero esta es interpretada de una manera que agrada al corazón no regenerado. Habla del amor como el principal atributo de Dios, pero lo rebaja hasta llegar a constituirlo en un sentimentalismo enfermizo. Se ocultan de la vista humana las denuncias que Dios hace del pecado y los requerimientos de su santa Ley. Ciertas fábulas inducen a los hombres a rechazar la Biblia como el fundamento de su fe. Cristo es negado tan ciertamente como antes, pero el engaño pasa inadvertido.

Pocos son los que tienen un concepto adecuado del poder engañoso del espiritismo. Muchos se meten con él meramente para satisfacer su curiosidad. Sin embargo, se llenarían de horror ante el pensamiento de someterse al control de los espíritus. Pero se aventuran en terreno prohibido, y el destructor ejerce su poder sobre ellos en contra de su propia voluntad. Una vez que son inducidos a someter su mente a la dirección de Satanás, este los mantiene cautivos. Nada sino el poder de Dios, en respuesta a la oración ferviente, puede librar a estas almas.

Todos los que acarician voluntariamente un pecado conocido están invitando a las tentaciones de Satanás. Se separan a sí mismos de Dios y de la custodia de sus ángeles, y quedan sin defensa.

"Si os dicen: 'Preguntad a los encantadores y a los adivinos, que susurran hablando, responded: ¿No consultará el pueblo a su Dios? ¿Consultará a los muertos por los vivos?' ¡A la ley y al testimonio! Si no dicen conforme a esto, es porque no les ha amanecido" (Isaías 8:19, 20).

Si los hombres hubieran estado dispuestos a recibir la verdad con respecto a la naturaleza del hombre y al estado de los muertos, verían en el espiritismo el poder y los milagros mentirosos de Satanás. Pero multitudes cierran sus ojos a la luz, y Satanás teje sus trampas en derredor de ellos. "Por cuanto no recibieron el amor de la verdad para ser salvos... Dios les envía un poder engañoso, para que crean en la mentira" (2 Tesalonicenses 2:10, 11).

Los que se oponen al espiritismo enfrentan a Satanás y a sus ángeles. Satanás no cederá un solo centímetro de terreno a menos que sea rechazado por mensajeros celestiales. Él puede citar las Escrituras hoy como en los días de Cristo y pervertir sus enseñanzas. Pero quienes deseen permanecer en pie en este tiempo de peligro, deben entender por sí mismos el testimonio de las Escrituras.

Entender las Escrituras – Espíritus de demonios, representando a parientes o amigos, apelarán a nuestras más tiernas simpatías y obrarán milagros. Debemos resistirlos con la verdad bíblica de que los muertos nada saben y de que los que aparecen de esta manera son espíritus de demonios.

Todos aquellos cuya fe no esté fundada en la Palabra de Dios serán engañados y vencidos. Satanás "obra con todo engaño de iniquidad", y sus engaños aumentarán. Pero los que busquen un conocimiento de la verdad y purifiquen sus almas hallarán en el Dios de la verdad una defensa segura. El Salvador enviará prestamente a todo ángel del cielo para proteger a su pueblo antes de dejar que una sola alma que confía en él sea vencida por Satanás. Y los que se consuelan a sí mismos con la seguridad de que no hay castigo para el pecador, los que renuncian a las verdades que el Cielo ha provisto como una defensa para el día de angustia, aceptarán las mentiras ofrecidas por Satanás, las engañosas pretensiones del espiritismo.

Los burladores presentarán como ridículas las declaraciones de las Escrituras concernientes al plan de salvación y a la retribución que recibirán los que rechazan la verdad. Fingen tener mucha lástima de las mentes que son tan estrechas, débiles y supersticiosas como para obedecer los requerimientos de la Ley de Dios. Ellos han cedido tan plenamente al tentador, y están tan estrechamente unidos con él e imbuidos de su espíritu, que no tienen ninguna inclinación a deshacerse de sus trampas.

El fundamento de la obra de Satanás fue colocado cuando este aseguró a Eva en el Edén: "No moriréis... El día que comáis de él serán abiertos vuestros ojos y seréis como Dios, conocedores del bien y el mal" (Génesis 3:4, 5). Satanás presentará su obra maestra de engaño al fin del tiempo. Dijo el profeta: "Vi... tres espíritus inmundos semejantes a ranas. Son espíritus de demonios, que hacen señales y van a los reyes de la tierra en todo el mundo para reunirlos para la batalla de aquel gran día del Dios Todopoderoso" (Apocalipsis 16:13, 14).

Excepto los que son guardados por el poder de Dios sobre la base de la fe en su Palabra, el mundo entero será arrastrado a las filas de este engaño. Los hombres se están dejando adormecer en una seguridad fatal, para ser despertados solamente por el derramamiento de la ira de Dios.

6 Paz verdadera

Dondequiera que los siervos de Dios predicaban con fidelidad la Palabra de Dios, se veían resultados que atestiguaban su origen divino. Los pecadores sentían despertarse su conciencia. Una profunda convicción tomaba posesión de su mente y su corazón. Tenían conciencia de la justicia de Dios, y clamaban: "¿Quién me librará de este cuerpo de muerte?" (Romanos 7:24). Al serles revelada la cruz, veían que nada sino los méritos de Cristo podía expiar sus transgresiones. Por medio de la sangre de Jesús, ellos lograban el perdón de "los pecados pasados" (Romanos 3:25).

Los que creían y eran bautizados iniciaban una vida nueva, por la fe en el Hijo de Dios, para seguir en sus pisadas, para reflejar su carácter y para purificarse a sí mismos como él es puro. Las cosas que una vez odiaban ahora las amaban, y las cosas que una vez amaban ahora las odiaban. El orgulloso se hacía humilde, los vanidosos y arrogantes se convertían en serios y discretos. Los borrachos se volvían sobrios; y los corrompidos, puros. Los cristianos no buscaban el adorno "exterior –consistente en peinados rebuscados, alhajas de oro y vestidos lujosos–, sino la actitud interior del corazón, el adorno incorruptible de un espíritu dulce y sereno. Esto es lo que vale a los ojos de Dios" (1 S. Pedro 3:3, 4, LPD).

Los reavivamientos se caracterizaban por solemnes llamamientos dirigidos a los pecadores. Los frutos se veían en personas que no rehuían la abnegación sino que se regocijaban en ser tenidas por dignas de sufrir por causa de Cristo. Los hombres contemplaban una transformación en los que profesaban el nombre de Jesús. Tales eran los resultados que en las épocas pasadas se manifestaban en los despertares religiosos.

Pero muchos reavivamientos de los tiempos modernos representan un señalado contraste con aquellas manifestaciones. Es cierto que muchos profesan haberse convertido, y hay grandes aumentos en el número de miembros de iglesia. Sin embargo los resultados no son tales que justifiquen la creencia de que se haya producido un aumento correspondiente de la verdadera vida espiritual. La luz que brilla por un tiempo pronto se apaga.

Los reavivamientos populares demasiado a menudo excitan las emociones y satisfacen el amor por lo que es nuevo y asombroso. Pero los nuevos conversos poseen poco deseo de escuchar la verdad de la Biblia. A menos que un servicio religioso tenga algo de sensacional, no tiene atractivo para ellos.

Para toda alma verdaderamente convertida, la relación con Dios y con las cosas eternas será su mayor interés en la vida. ¿Dónde está en las iglesias populares el espíritu de consagración a Dios? Los conversos no renuncian al orgullo ni al amor al mundo. No están más dispuestos a negarse a sí mismos y a seguir al manso y humilde Jesús que antes de su conversión. La piedad casi ha desaparecido de muchas de las iglesias.

Los verdaderos seguidores de Cristo – Pero, a pesar de la amplia decadencia de la fe, hay verdaderos seguidores de Cristo en estas iglesias. Antes que caigan los juicios finales de Dios, habrá dentro del pueblo del Señor un reavivamiento de la piedad primitiva como no ha sido presenciado desde los tiempos apostólicos. El Espíritu de Dios será derramado. Muchos se separarán de las iglesias en las cuales el amor al mundo ha reemplazado al amor a Dios y a su Palabra. Muchos dirigentes y muchos creyentes aceptarán con alegría las grandes verdades que preparan a un pueblo para la segunda venida del Señor.

El enemigo de las almas desea impedir esta obra y, antes que llegue el tiempo para que se produzca este movimiento, él tratará de impedirlo introduciendo una falsificación. En las iglesias que él pueda poner bajo su control, hará parecer que se está derramando la bendición especial de Dios. Multitudes se alegrarán de que Dios esté obrando maravillosamente, cuando en realidad la obra será realizada por otro espíritu. Bajo un disfraz religioso, Satanás buscará extender su influencia sobre el mundo cristiano. Hay una excitación emocional, una mezcla de lo verdadero y lo falso, bien adaptada para engañar.

Sin embargo, a la luz de la Palabra de Dios, no es difícil determinar la naturaleza de estos movimientos. Dondequiera que los hombres descuiden el testimonio de la Biblia y se aparten de las verdades claras –que son una prueba para el alma, ya que requieren abnegación y renuncia al mundo–, podemos estar seguros de que no se les ha concedido la bendición de Dios. Y, usando la regla de que "por sus frutos los conoceréis" (S. Mateo 7:16), es evidente que estos movimientos no son la obra del Espíritu de Dios.

Las verdades de la Palabra de Dios son el escudo contra los engaños de Satanás. El descuido de estas verdades ha abierto la puerta a los males hoy tan extendidos en el mundo. La importancia de la Ley de Dios se ha perdido de vista en gran medida. Una falsa concepción de la Ley divina ha conducido a errores con respecto a la conversión y la santificación, rebajando la norma de piedad. Aquí es donde ha de hallarse el secreto de la falta del Espíritu de Dios en los reavivamientos de nuestro tiempo.

La ley de libertad – Muchos maestros religiosos aseguran que Cristo, por medio de su muerte, abolió la Ley. Algunos la presentan como un yugo pesado y, en contraste con la "esclavitud" de la Ley, presentan la "libertad" que ha de gozarse bajo el evangelio.

Pero los profetas y los apóstoles no consideraron de esta manera la santa Ley de Dios. Dijo David: "Andaré en libertad, porque busqué tus mandamientos" (Salmo 119:45). El apóstol Santiago se refiere al Decálogo como "la perfecta ley, la de la libertad" (Santiago 1:25). El revelador de Patmos pronuncia una bendición sobre los que "guardan sus mandamientos, para que su potencia sea en el árbol de la vida, y que entren por las puertas en la ciudad" (Apocalipsis 22:14, RVA).

Si hubiera sido posible que la Ley fuera cambiada o anulada, Cristo no habría necesitado morir para salvar al hombre de la penalidad del pecado. El Hijo de Dios vino a engrandecer la Ley y hacerla honorable (ver Isaías 42:21). Él dijo: "No penséis que he venido a abolir la Ley... De cierto os digo que antes que pasen el cielo y la tierra, ni una jota ni una tilde pasará de la Ley" (S. Mateo 5:17, 18). Y declaró con respecto a sí mismo: "El hacer tu voluntad, Dios mío, me ha agradado, y tu Ley está en medio de mi corazón" (Salmo 40:8).

La Ley de Dios es inmutable porque es una revelación del carácter de su Autor. Dios es amor, y su Ley es amor. "El cumplimiento de la Ley es el amor" (Romanos 13:10). Dijo el salmista: "Tu Ley [es] la verdad"; "todos tus mandamientos son justicia" (Salmo 119:142, 172). Y San Pablo declara: "La Ley a la verdad es santa, y el mandamiento santo, justo y bueno" (Romanos 7:12). Una Ley semejante debe ser tan eterna como su Autor.

La obra de la conversión y la santificación consiste en reconciliar a los hombres con Dios, poniéndolos en armonía con los principios de su Ley. En el principio, el hombre estaba en perfecta armonía con la Ley de Dios. Pero el pecado lo apartó de su Hacedor. Su corazón ahora estaba en guerra contra la Ley de Dios. "Los designios de la carne son enemistad contra Dios, porque no se sujetan a la Ley de Dios, ni tampoco pueden" (Romanos 8:7). Pero "de tal manera amó Dios al mundo, que ha dado a su Hijo unigénito", para que el hombre pueda ser reconciliado con Dios, restaurado a la armonía con su Hacedor. Este cambio es el nuevo nacimiento, sin el cual nadie "puede ver el reino de Dios" (S. Juan 3:16, 3).

Convicción de pecado – El primer paso en la reconciliación con Dios es la convicción de pecado. "El pecado es infracción de la Ley". "Por medio de la Ley es el conocimiento del pecado" (1 S. Juan 3:4; Romanos 3:20). Con el fin de que pueda ver su culpa, el pecador debe considerar su situación frente al espejo de Dios, el cual muestra lo que debe ser un carácter justo y capacita a la persona para ver los defectos del propio carácter.

La Ley revela al hombre su pecado, pero no proporciona ningún remedio. Declara que la muerte es la suerte del transgresor. Solo el evangelio de Cristo puede librar al hombre de la condenación o la contaminación del pecado. El pecador debe ejercer arrepentimiento hacia Dios, cuya Ley ha sido transgredida, y fe en Cristo, su sacrificio expiatorio. Así obtiene el perdón de "los pecados cometidos anteriormente" (Romanos 3:25, VM) y llega a ser un hijo de Dios.

Lutero ilustra cómo encontrar perdón y salvación – El deseo de reconciliarse con Dios indujo a Martín Lutero a dedicarse a la vida monástica. En ella se le pidió que realizara los trabajos penosos más bajos y que pidiera limosna de puerta en puerta. Pacientemente soportó esta humillación, creyendo que era necesaria a causa de sus pecados.

Llevó una vida muy rigurosa, tratando, mediante el ayuno, las vigilias y los azotes, de dominar los males de su naturaleza. Más tarde dijo: "Si alguna vez un monje pudiera obtener el cielo por sus obras monásticas, yo ciertamente tendría derecho a ello... Si hubiera continuado mucho tiempo más, mis mortificaciones me habrían llevado aun hasta la muerte".[1] Pero a pesar de todos sus esfuerzos, su alma cargada no encontró alivio. Finalmente llegó al límite de la desesperación.

> Para toda alma verdaderamente convertida, la relación con Dios y con las cosas eternas será su mayor interés en la vida.

Cuando parecía que todo estaba perdido, Dios le dio un amigo. Staupitz ayudó a Lutero a comprender la Palabra de Dios, y le pidió que dejara de mirarse a sí mismo y fijara la vista en Jesús. "En vez de torturarte debido a tus pecados, arrójate en los brazos del Redentor. Confía en él, en la justicia de su vida, en la expiación de su muerte... El Hijo de Dios... se hizo hombre para darte la seguridad del favor divino... Ama al que te amó primero".[2] Sus palabras hicieron una profunda impresión en la mente de Lutero. Su alma atribulada se vio inundada de paz.

Más tarde, la voz de Lutero se oía en solemnes advertencias desde el púlpito. Presentaba delante del pueblo el carácter ofensivo del pecado y enseñaba que es imposible que el hombre, por sus propias obras, aminore su culpa o escape al castigo. Nada sino el arrepentimiento para con Dios y la fe en Cristo pueden salvar al pecador. La gracia de Cristo no puede comprarse;

es un don gratuito. Aconsejaba al pueblo a no comprar indulgencias, sino a mirar con fe al Redentor crucificado. Relataba su propia y dolorosa experiencia, y aseguraba a sus oyentes que había sido por la fe en Cristo como había encontrado paz y gozo.

¿El perdón nos libra de obedecer? – El pecador perdonado ¿está libre para transgredir la Ley de Dios? Dice San Pablo: "¿Por la fe invalidamos la Ley? ¡De ninguna manera! Más bien, confirmamos la Ley". "Los que hemos muerto al pecado, ¿cómo viviremos aún en él?" San Juan también declara: "Este es el amor de Dios: que guardemos sus mandamientos; y sus mandamientos no son gravosos". En el nuevo nacimiento, el corazón es puesto en armonía con Dios y en armonía con su Ley. Cuando este cambio ha ocurrido en el pecador, él ha pasado de muerte a vida, de la transgresión y la rebelión a la obediencia y la lealtad. La antigua vida ha terminado; la nueva vida de reconciliación, fe y amor ha comenzado. Entonces, "la justicia de la Ley" se cumplirá "en nosotros, que no andamos conforme a la carne, sino conforme al Espíritu". Y el lenguaje del alma será: "¡Cuánto amo yo tu Ley! ¡Todo el día es ella mi meditación!" (Romanos 3:31; 6:2; 1 S. Juan 5:3; Romanos 8:4; Salmo 119:97).

Sin la Ley, los hombres no tienen verdadera convicción del pecado y no sienten ninguna necesidad de arrepentimiento. No se dan cuenta de que necesitan la sangre expiatoria de Cristo. La esperanza de la salvación es aceptada sin un cambio radical del corazón y sin una reforma de la vida.

Así abundan las conversiones superficiales, y así ingresan a la iglesia multitudes que jamás se han unido a Cristo.

¿Qué es la santificación? – Del descuido o del rechazo de la Ley divina también surgen teorías erróneas con respecto a la santificación. Estas teorías, falsas en materia de doctrina y peligrosas en cuanto a los resultados prácticos, están hallando aceptación general.

San Pablo declara: "La voluntad de Dios es vuestra santificación" (1 Tesalonicenses 4:3). La Biblia enseña claramente qué es la santificación y cómo ha de conseguirse. El Salvador oró por sus discípulos: "Santifícalos en tu verdad; tu palabra es verdad" (S. Juan 17:17). Y San Pablo enseña que los creyentes han de ser santificados por el Espíritu Santo (ver Romanos 15:16).

¿Cuál es la obra del Espíritu Santo? Jesús dijo a sus discípulos: "Cuando venga el Espíritu de verdad, él os guiará a toda la verdad" (S. Juan 16:13). Y el salmista dice: "Tu Ley [es] la verdad" (Salmo 119:142). Puesto que la Ley de Dios es santa, justa y buena, un carácter formado gracias a la obediencia de esa Ley será santo. Cristo es el perfecto ejemplo de un carácter tal. Él dice: "He guardado los mandamientos de mi Padre". "Hago siempre lo que le agrada" (S. Juan 15:10; 8:29). Los seguidores de Cristo han de llegar a ser semejantes a él; por la gracia de Dios han de formar caracteres que estén de acuerdo con los principios de su santa Ley. Esta es la santificación bíblica.

Solo por medio de la fe – Esta obra puede realizarse solamente gracias a la fe en Cristo, por el poder del Espíritu Santo que mora en el interior de la persona. El cristiano sentirá las tentaciones del pecado, pero se mantendrá constantemente en guerra contra él. Aquí es donde se necesita la ayuda de Cristo. La debilidad humana se une con el poder divino, y la fe exclama: "Gracias sean dadas a Dios, que nos da la victoria por medio de nuestro Señor Jesucristo" (1 Corintios 15:57).

La obra de la santificación es progresiva. Cuando en la conversión el pecador encuentra paz con Dios, la vida cristiana apenas ha comenzado. Ahora ha de extenderse hacia "la perfección"; ha de crecer "a la medida de la estatura de la plenitud de Cristo". El apóstol Pablo nos dice: "Una cosa hago: olvidando ciertamente lo que queda atrás y extendiéndome a lo que está delante, prosigo a la meta, al premio del supremo llamamiento de Dios en Cristo Jesús" (Hebreos 6:1; Efesios 4:13; Filipenses 3:13, 14).

Los que experimentan la santificación bíblica manifestarán humildad. Verán su propia indignidad en contraste con la perfección del Infinito. El profeta Daniel fue un ejemplo de verdadera santificación. En lugar de pretender ser puro y santo, este honrado profeta se identificó a sí mismo con los que eran verdaderamente pecadores en Israel al interceder ante Dios en favor de su pueblo (ver Daniel 9:15, 18, 20; 10:8, 11).

No puede haber ensalzamiento de sí mismo ni pretensión jactanciosa de estar libre de pecado por parte de quienes caminan a la sombra de la cruz del Calvario. Ellos sienten que fue su pecado el que produjo la agonía que quebrantó el corazón del Hijo de Dios, y este pensamiento los guiará a un espíritu de humildad. Los que viven más cerca de Jesús comprenden más claramente la fragilidad y la pecaminosidad de su condición humana, y su única esperanza está en los méritos de un Salvador crucificado y resucitado.

La santificación que es ahora muy popular en el mundo religioso lleva consigo un espíritu de exaltación propia y descuido de la Ley de Dios que la señala como ajena a la Biblia. Sus defensores enseñan que la santificación es una obra instantánea mediante la cual, a través de la "fe sola", ellos logran la perfecta santidad. Dicen: "Cree solamente, y la bendición es tuya". No se espera que haya más esfuerzo por parte de quien la recibe. Y al mismo tiempo niegan la autoridad de la Ley de Dios, insistiendo en que están exentos de la obligación de guardar los mandamientos. Pero ¿es posible ser santo sin llegar a estar en armonía con los principios que expresan la naturaleza y voluntad de Dios?

El testimonio de la Palabra de Dios está en contra de esta doctrina engañosa de una fe sin obras. No es fe lo que reclama el favor del Cielo sin cumplir con las condiciones según las cuales la misericordia ha de ser concedida. Es presunción (ver Santiago 2:14-24).

Nadie se engañe a sí mismo pensando que puede llegar a ser santo mientras voluntariamente viola uno de los requerimientos de Dios. El pecado acariciado silencia la voz del Espíritu y separa el alma de Dios. Aunque San Juan habla mucho del amor, no titubea en revelar el verdadero carácter de las personas que pretenden estar santificadas mientras viven transgrediendo la Ley de Dios. "El que dice: 'Yo le conozco, pero no guarda sus mandamientos, el tal es mentiroso y la verdad no está en él. Pero el que guarda su palabra, en ese verdaderamente el amor de Dios se ha perfeccionado" (1 S. Juan 2:4, 5). Aquí está la prueba de la profesión de cada hombre. Si los hombres empequeñecen y le restan importancia a los preceptos de Dios, si violan el menor de esos mandamientos y así enseñan a los hombres, podemos saber que su pretensión es sin fundamento (ver S. Mateo 5:18, 19).

Pretender estar libre de pecado es evidencia de que quien lo afirma está lejos de ser santo. No tiene un verdadero concepto de la pureza y santidad infinitas de Dios, ni de la malignidad del mal y el pecado. Cuanto mayor sea la distancia entre Cristo y él, más justo aparecerá a sus propios ojos.

Santificación bíblica – La santificación abarca el ser entero: el espíritu, el alma y el cuerpo (ver 1 Tesalonicenses 5:23). A los cristianos se les pide que presenten sus cuerpos como "sacrificio vivo, santo, agradable a Dios" (Romanos 12:1). Toda práctica que debilite las fuerzas físicas o mentales incapacita al hombre para el servicio de su Creador. Los que aman a Dios tratarán constantemente de colocar toda facultad de su ser en armonía con las leyes que promueven su capacidad para hacer la voluntad divina. Ellos no debilitarán ni contaminarán la ofrenda que presenten a su Padre celestial satisfaciendo el apetito o la pasión.

Toda gratificación pecaminosa tiende a oscurecer y a debilitar las percepciones mentales y espirituales; la Palabra o el Espíritu de Dios pueden hacer apenas una débil impresión en el corazón. "Limpiémonos de toda contaminación de carne y de espíritu, perfeccionando la santidad en el temor de Dios" (2 Corintios 7:1).

> En el nuevo nacimiento, el corazón es puesto en armonía con Dios y en armonía con su Ley.

¡Cuántos cristianos profesos están debilitando su semejanza divina mediante la glotonería, las bebidas alcohólicas, la participación en los placeres prohibidos! Y la iglesia demasiado a menudo estimula el mal y lo fomenta, apelando a los apetitos, el amor al lucro y los placeres, para llenar su tesorería, la cual el amor a Cristo es demasiado débil para colmar. Si Jesús entrara en las iglesias de nuestros días y contemplara los festejos que allí se realizan en el nombre de la religión, ¿no echaría a esos profanadores como arrojó del Templo a los cambistas?

"¿Ignoráis que vuestro cuerpo es templo del Espíritu Santo, el cual está en vosotros, el cual habéis recibido de Dios, y que no sois vuestros?, pues habéis sido comprados con precio; glorificad, pues, a Dios en vuestro cuerpo" (1 Corintios 6:19, 20). La persona cuyo cuerpo es templo del Espíritu Santo no será esclavizada con un hábito pernicioso. Sus facultades pertenecen a Cristo. Sus posesiones son del Señor. ¿Cómo podría malgastar el capital que le ha sido confiado?

Los cristianos profesos gastan anualmente una inmensa suma en satisfacciones perniciosas. Despojan a Dios de los diezmos y las ofrendas, mientras consumen sobre el altar de la pasión destructora más de lo que dan para aliviar a los pobres o sostener el evangelio. Si todos los que profesan a Cristo fueran verdaderamente santificados, sus medios, en lugar de ser gastados en placeres inútiles y perjudiciales, serían entregados a la tesorería del Señor. Los cristianos darían un ejemplo de temperancia y abnegación. Entonces serían la luz del mundo.

"Los deseos de la carne, los deseos de los ojos y la vanagloria de la vida" dominan a las multitudes (1 S. Juan 2:16). Pero los seguidores de Cristo tienen una vocación más elevada. "Salid de en medio de ellos y apartaos, dice el Señor, y no toquéis lo impuro". Para los que cumplen las condiciones, la promesa de Dios es: "Yo os recibiré y seré para vosotros por Padre, y vosotros me seréis hijos e hijas, dice el Señor Todopoderoso" (2 Corintios 6:17, 18).

Acceso directo a Dios – Cada paso dado en la fe y la obediencia coloca al alma en más estrecha relación con la Luz del mundo. Los brillantes rayos del Sol de Justicia brillan sobre los siervos de Dios, y ellos han de reflejar esos rayos. Las estrellas nos dicen que hay una luz en los cielos cuya gloria las hace brillar; así también los cristianos manifiestan que hay un Dios sobre el trono cuyo carácter es digno de alabar e imitar. La santidad de su carácter será manifiesta en sus testigos.

Gracias a los méritos de Cristo tenemos acceso al trono del Poder infinito. "El que no escatimó ni a su propio Hijo, sino que lo entregó por todos nosotros, ¿cómo no nos dará también con él todas las cosas?" Jesús dice: "Si vosotros, siendo malos, sabéis dar buenas dádivas a vuestros hijos, ¿cuánto más vuestro Padre celestial dará el Espíritu Santo a los que se lo pidan?" "Si algo pedís en mi nombre, yo lo haré". "Pedid, y recibiréis, para que vuestro gozo sea completo" (Romanos 8:32; S. Lucas 11:13; S. Juan 14:14; 16:24).

Cada uno tiene el privilegio de vivir de tal manera que Dios lo apruebe y lo bendiga. No es la voluntad de nuestro Padre celestial que estemos continuamente bajo la condenación de las tinieblas. No es evidencia de verdadera humildad el andar siempre con la cabeza gacha y el corazón lleno de pensamientos sobre uno mismo. Podemos ir a Jesús y ser limpiados, y estar sin vergüenza ni remordimientos en presencia de la Ley.

Los hijos caídos de Adán llegan a ser "hijos de Dios" a través de Jesús. Él "no se avergüenza de llamarlos hermanos". La vida cristiana debe ser una vida de fe, victoria y gozo en Dios. "El gozo de Jehová es vuestra fuerza". "Estad siempre gozosos. Orad sin cesar. Dad gracias en todo, porque esta es la voluntad de Dios para con vosotros en Cristo Jesús" (Hebreos 2:11; Nehemías 8:10; 1 Tesalonicenses 5:16-18).

Tales son los frutos de la conversión y la santificación bíblicas; y es debido a que los grandes principios de la justicia establecidos en la Ley son considerados con indiferencia por lo que estos frutos se observan raramente. Esta es la razón por la cual se manifiesta tan poco de esa labor profunda y permanente del Espíritu que caracterizó los primeros reavivamientos.

Contemplando es como somos cambiados. Cuando se descuidan los sagrados preceptos en los cuales Dios ha abierto a los hombres la perfección y la santidad de su carácter, y la mente de las personas es atraída a las enseñanzas y las teorías humanas, el resultado ha sido una declinación de la piedad en la iglesia. Solo cuando la ley de Dios es restaurada a la posición que le corresponde puede haber un reavivamiento de la fe y la piedad primitivas entre los que profesan ser el pueblo del Señor.

Referencias

1 J. H. Merle D'Aubigne, *History of the Reformation of the Sixteenth Century* [Historia de la Reforma del siglo XVI], libro 2, capítulo 3.
2 *Ibíd.*, libro 2, capítulo 4.

7 Nuestra única salvaguardia

Al pueblo de Dios se le indica que busque en las Escrituras su salvaguardia contra los falsos maestros y los espíritus de las tinieblas. Satanás emplea todo medio posible para impedir que los hombres obtengan el conocimiento de la Biblia, cuyo claro lenguaje revela sus engaños. A cada nuevo reavivamiento de la obra de Dios, él opone una actividad intensamente mayor, por lo que pronto se desplegará ante nosotros el engaño final contra Cristo y sus seguidores. La falsificación se asemejará tanto a la verdad que será imposible distinguir entre las dos cosas, a no ser con la ayuda de las Escrituras.

Los que se empeñan en obedecer todos los mandamientos de Dios encontrarán oposición y enfrentarán el ridículo. Para soportar la prueba deben entender la verdad de Dios tal como está revelada en su Palabra. Podrán honrarlo solo cuando tengan una correcta concepción del carácter, el gobierno y los propósitos de Dios, y cuando al mismo tiempo actúen de acuerdo con ellos. Tan solo los que han fortalecido su mente con las verdades de la Biblia permanecerán de pie en el último gran conflicto.

Antes de su crucifixión, el Salvador explicó a sus discípulos que él sería muerto y resucitaría. Ángeles estuvieron presentes para grabar esas palabras en la mente y el corazón de ellos. Pero las palabras fueron desterradas de la mente de los discípulos. Cuando llegó la prueba, la muerte de Jesús destruyó sus esperanzas tan completamente como si no les hubiera advertido de antemano. Así también, en las profecías, el futuro está abierto ante nosotros tal como fue presentado por Cristo delante de los discípulos. Pero las multitudes entienden estas importantes verdades de modo tan incompleto que parecen como si nunca hubiesen sido reveladas.

Cuando Dios envía advertencias, exige que cada persona con uso de razón preste atención al mensaje. Los terribles juicios contra el culto a la bestia y su imagen (ver Apocalipsis 14:9-11) deben inducir a todos a enterarse de lo que es la marca de la bestia y cómo evitar recibirla.* Pero las masas de la gente no quieren la verdad bíblica, porque esta se opone a los deseos del corazón pecador. Y Satanás suministra los engaños que esas masas humanas aman.

> Los terribles juicios contra el culto a la bestia y su imagen deben inducir a todos a enterarse de lo que es la marca de la bestia y cómo evitar recibirla.

Pero Dios tendrá un pueblo que se aferrará a la Biblia, y únicamente a la Biblia, como la norma de toda doctrina y la base de todas las reformas. Las opiniones de los hombres sabios, las deducciones de la ciencia, las decisiones de los concilios eclesiásticos, la voz de la mayoría, ninguna de estas cosas debe ser considerada como evidencia a favor o en contra de alguna doctrina. Debemos exigir un claro "Así dice el Señor". Satanás induce a la gente a mirar a los pastores (ministros, clérigos), a los profesores de teología y a otros como su guía, en lugar de investigar las Escrituras por sí mismos. Al controlar a estos dirigentes, él puede manejar a las multitudes.

Cuando Cristo vino, el pueblo común lo escuchaba con alegría. Pero los principales líderes de los sacerdotes y los dirigentes se atrincheraron en sus prejuicios; rechazaron la evidencia de su condición de Mesías. Y la gente preguntaba: "¿Cómo es que nuestros gobernantes y sabios escribas no creen en Jesús?" Tales maestros condujeron a la nación judía a rechazar al Redentor.

---

* Este tema se presenta más extensamente en *El conflicto de los siglos*, capítulo 39.

La exaltación de la autoridad humana – Cristo vio proféticamente la obra de exaltación de la autoridad humana para regir la conciencia, la cual ha sido una maldición terrible en todos los siglos. Sus advertencias a no seguir a los dirigentes ciegos fueron incorporadas en los registros bíblicos como una amonestación para las futuras generaciones.

La Iglesia Romana les reserva a los clérigos el derecho de interpretar las Escrituras. Aunque la Reforma ofreció la Biblia a todos, el mismo principio que Roma sostuvo impide que multitudes, hoy militantes en las iglesias protestantes, investiguen la Biblia por sí mismos. Se les instruye a aceptar las enseñanzas *tal como las interpreta la iglesia*. Millares de personas no se atreven a recibir nada, por claro que resulte en la Biblia, que sea contrario a su credo.

Muchos están listos para encomendar sus almas al clero. Pasan casi completamente por alto las enseñanzas del Salvador. Pero ¿son infalibles los dirigentes religiosos? ¿Cómo podemos confiar en su dirección espiritual a menos que sepamos por la Palabra de Dios que ellos son portadores de luz? La falta de valor moral conduce a muchos a seguir a los hombres, y así se atan desesperadamente al error. Ven en la Biblia la verdad para este tiempo y sienten el poder del Espíritu Santo acompañando su proclamación; sin embargo, le permiten al clero desviarlos de la luz.

Satanás se asegura a las multitudes atándolas con las cuerdas de seda del afecto a los que son enemigos de la cruz de Cristo. Este vínculo puede ser el de padres, hijos, esposos o meramente un vínculo social. Las almas que están bajo su dominio no tienen el valor de obedecer sus convicciones del deber.

Muchos pretenden que no importa lo que uno crea, con tal que su vida sea recta. Pero la vida es modelada por la fe. Si la verdad está a nuestro alcance y la descuidamos, virtualmente la rechazamos, eligiendo las tinieblas antes que la luz.

La ignorancia no es excusa para el error o el pecado, cuando existen todas las oportunidades para conocer la voluntad de Dios. Un hombre que viaja llega a un lugar desde donde salen distintos caminos y donde hay postes que indican adónde conduce cada uno de ellos. Si el viajero no presta atención a las señales y toma cualquier camino que le parezca correcto, puede ser sincero, pero con toda probabilidad se hallará en el camino equivocado.

El primero y más elevado deber – No es suficiente tener buenas intenciones, hacer lo que uno piensa que es correcto o lo que el ministro le diga que está bien. Uno debe investigar las Escrituras por sí mismo. Tenemos un mapa que contiene todas las indicaciones para el viaje al cielo, y no debemos asumir ninguna suposición.

El primero y el más elevado de los deberes de todo ser racional es aprender de las Escrituras lo que es verdad, y luego andar de acuerdo con el conocimiento que se tiene y animar a otros a seguir el propio ejemplo. Hemos de formar nuestras opiniones por nosotros mismos, siendo que por nosotros mismos hemos de responder delante de Dios.

Hombres instruidos, con la pretensión de tener una gran sabiduría, enseñan que las Escrituras tienen un significado secreto y espiritual que no resulta claro en el lenguaje empleado. Esos hombres son falsos maestros. El lenguaje de la Biblia debe explicarse de acuerdo con su sentido obvio, a menos que se emplee un símbolo o una figura. Si los hombres solo tomaran la Biblia tal como se lee, se realizaría una obra que traería a las filas del cristianismo a millares y millares que ahora están extraviados en el error.

> El primero y el más elevado de los deberes de todo ser racional es aprender de las Escrituras lo que es verdad.

Muchos pasajes de las Escrituras –que hombres instruidos pasan por alto como algo sin importancia– se hallan llenos de consuelo para el que está siendo enseñado en la escuela de Cristo. La comprensión de la verdad bíblica no depende tanto del poder del intelecto empeñado en la investigación, sino de la sencillez de propósito y del anhelo ferviente de justicia.

Resultados de descuidar la oración y el estudio de la Biblia –
Nunca se debería estudiar la Biblia sin oración. El Espíritu Santo es el único que puede hacernos sentir la importancia de las cosas que son fáciles de entender, o impedir que malinterpretemos verdades difíciles. Los ángeles celestiales preparan nuestro corazón para que comprendamos la Palabra de Dios. Seremos cautivados por su belleza, fortalecidos por sus promesas. Las tenta-

ciones a menudo parecen irresistibles porque la persona probada no puede recordar rápidamente las promesas de Dios y hacer frente a Satanás con las armas de las Escrituras. Pero los ángeles se hallan junto a los que están deseosos de aprender, y ellos traerán a su recuerdo las verdades que necesitan.

"El Espíritu Santo... os enseñará todas las cosas y os recordará todo lo que yo os he dicho" (S. Juan 14:26). Pero las enseñanzas de Cristo deben haber sido previamente almacenadas en la mente como para que el Espíritu de Dios las refresque en nuestra memoria en tiempos de peligro.

El destino de innumerables multitudes de la Tierra está por decidirse. Todo seguidor de Cristo debe preguntarse fervientemente: "Señor, ¿qué quieres que yo haga?" (Hechos 9:6). Debemos buscar ahora una experiencia profunda y viviente en las cosas de Dios. No tenemos un minuto que perder. Estamos en el terreno hechizado de Satanás. ¡No se duerman, centinelas de Dios!

Muchos se felicitan por los malos actos que no cometen. Pero no es suficiente que sean árboles en el jardín de Dios. Deben llevar frutos. De lo contrario, en los libros del cielo serán anotados como obstáculos en el terreno. Sin embargo el corazón de Dios, lleno de amor paciente, todavía intercede ante las almas que no han prestado atención a la misericordia divina y han abusado de su gracia.

En el verano no existe una diferencia notable entre los árboles de hojas perennes y los que las pierden; pero, cuando llegan las ráfagas del invierno, los de hojas perennes permanecen sin cambio, en tanto que los demás árboles pierden su follaje. Dejen que se levante la oposición y que reine la intolerancia, dejen que se encienda la persecución, y los tibios e hipócritas cederán en su fe; pero el verdadero cristiano permanecerá firme, con su fe fuerte y con su esperanza más brillante que en los días de prosperidad.

"Será como el árbol plantado junto a las aguas, que junto a la corriente echará sus raíces. No temerá cuando llegue el calor, sino que su hoja estará verde. En el año de sequía no se inquietará ni dejará de dar fruto" (Jeremías 17:8).

En defensa de la verdad

El deber de adorar a Dios se basa en el hecho de que él es el Creador. "Venid, adoremos y postrémonos; arrodillémonos delante de Jehová, nuestro hacedor" (Salmo 95:6; ver Salmo 100:3).

En Apocalipsis 14 se exhorta a los hombres a adorar al Creador y a obedecer los mandamientos de Dios. Uno de esos mandamientos señala a Dios como Creador: "El día séptimo es día de descanso para Yahvéh, tu Dios... Pues en seis días hizo Yahvéh el cielo y la tierra, el mar y todo cuanto contienen, y el séptimo descansó; por eso bendijo Yahvéh el día del sábado y lo hizo sagrado" (Éxodo 20:10, 11, BJ). El sábado, dice el Señor, es una "señal... para que se sepa que yo soy Yahvéh vuestro Dios" (Ezequiel 20:20, BJ). Si el sábado se hubiera continuado observando en forma universal, los pensamientos y los afectos del hombre habrían sido guiados hacia el Creador como el objeto de reverencia y adoración, y nunca habría existido un idólatra, un ateo o un incrédulo. El guardar el sábado es una señal de lealtad al Dios verdadero, al que "hizo el cielo y la tierra, el mar y las fuentes de las aguas". Por tanto se deduce que el mensaje que ordena a los hombres adorar a Dios y guardar sus mandamientos los instará en forma particular a observar el cuarto mandamiento.

Restauración de la verdad – La reforma relativa al sábado se predice en Isaías: "Así habla el Señor: Observen el derecho y practiquen la justicia, porque muy pronto llegará mi salvación y ya está por revelarse mi justicia. ¡Feliz el hombre que cumple estos preceptos y el mortal que se mantiene firme en ellos, observando el sábado sin profanarlo y preservando su mano de toda mala acción!... Y a los hijos de una tierra extranjera que se han unido al Señor para servirle, para amar el nombre del Señor y para ser sus servidores, a todos los que observen el sábado sin profanarlo y se mantengan firmes en mi alianza, yo los conduciré hasta mi santa Montaña y los colmaré de alegría en mi Casa de oración" (Isaías 56:1, 2, 6, 7, LPD).

Estas palabras se aplican a la Era Cristiana, tal como se observa por el contexto (vers. 8). Aquí se anuncian anticipadamente la reunión de los gentiles gracias al evangelio, cuando los siervos de Cristo predicarían a todas las naciones las buenas nuevas.

El Señor ordena: "Sella la ley entre mis discípulos" (Isaías 8:16). El sello de la Ley de Dios se encuentra en el cuarto mandamiento. Este es el único de los diez que presenta tanto el nombre como el título del Legislador. Cuando el sábado fue cambiado por el poder papal,* el sello fue quitado de la Ley. Los discípulos de Jesús han sido llamados a restaurarlo a través de la exaltación del sábado como monumento conmemorativo del Creador y señal de su autoridad.

Los protestantes ahora alegan que la resurrección de Cristo en el día domingo convirtió ese día en el sábado cristiano. Pero ni Cristo ni sus apóstoles le otorgaron tal honor a ese día. La observancia del domingo tuvo su origen en el "misterio de la iniquidad" que, ya en los días de San Pablo, había comenzado su obra (2 Tesalonicenses 2:7). ¿Qué razón puede darse para efectuar un cambio que las Escrituras no sancionan?

Los protestantes reconocen "el silencio completo que [guarda] el Nuevo Testamento con respecto a cualquier mandato explícito en favor del reposo [en día domingo, primer día de la semana] o de reglas definidas con respecto a su observancia".[1]

"Hasta el tiempo de la muerte de Cristo, ningún cambio se había hecho

---

* Este cambio se describe en el capítulo 3 de *El conflicto de los siglos*.

en el día"; y, "según lo muestra el registro bíblico, ellos [los apóstoles] no... dieron ningún mandamiento explícito para requerir el abandono del reposo del séptimo día y la observancia del primer día de la semana".[2]

Los católicos romanos reconocen que el cambio del sábado fue realizado por su iglesia, y declaran que los protestantes, al observar el domingo, reconocen el poder de la Iglesia Católica. Se ha hecho la siguiente declaración: "Durante la ley antigua, el sábado era el día santificado; pero la *iglesia* instruida por Jesucristo, y dirigida por el Espíritu de Dios, ha sustituido el sábado por el domingo; de manera que ahora santificamos el primer día, y no el séptimo. Domingo significa, y ahora es, el día del Señor".[3]

Se da la orden: "¡Clama a voz en cuello, no te detengas, alza tu voz como trompeta! ¡Anuncia a mi pueblo su rebelión y a la casa de Jacob su pecado!" Aquellos a quienes el Señor designa como "mi pueblo" han de ser reconvenidos por sus transgresiones, pues son una clase que se considera a sí misma como justa en el servicio de Dios. Pero la solemne reconvención del Escudriñador los corazones afirma que están pisoteando los preceptos divinos (Isaías 58:1, 2).

El profeta señala de esta manera el mandamiento que ha sido olvidado: "Los cimientos de generación y generación levantarás, y serás llamado reparador de portillos, restaurador de calzadas para habitar. Si retrajeres del sábado tu pie, de hacer tu voluntad en mi día santo, y al sábado llamares delicia, santo, glorioso de Jehová; y lo venerares, no haciendo tus caminos, ni buscando tu voluntad, ni hablando tus palabras, entonces te deleitarás en Jehová" (Isaías 58:12-14, RVA).

El "portillo", o brecha, fue hecho en la Ley de Dios cuando el sábado fue cambiado por el poder romano. Pero ha llegado el tiempo en que esa brecha deba ser reparada.

El sábado fue guardado por Adán en su inocencia en el Edén, y después que cayera y se arrepintiera, cuando fue expulsado de su morada. Fue observado por todos los patriarcas desde Abel hasta Noé, Abraham y Jacob. Cuando el Señor liberó a Israel, él proclamó su Ley a la multitud.

Siempre se guardó el sábado verdadero – Desde ese día hasta el presente se continúa guardando el sábado. Aunque "el hombre de pecado" tuvo éxito en pisotear el santo día de Dios, almas fieles, ocultas en lugares secretos, le rindieron tributo. Desde la Reforma, en todas las generaciones un cierto número de personas ha mantenido su observancia.

Estas verdades relacionadas con "el evangelio eterno" distinguirán a la iglesia de Cristo en el tiempo de su aparición. "Aquí está la paciencia de los santos, los que guardan los mandamientos de Dios y la fe de Jesús" (Apocalipsis 14:12).

Los que recibieron la luz concerniente al Santuario* y a la infalibilidad de la Ley de Dios, se llenaron de gozo al distinguir la armonía de la verdad. Anhelaron que la luz fuera impartida a todos los cristianos. Pero las verdades que diferían de lo que el mundo creía no fueron bien recibidas por muchos que aseveraban seguir a Cristo.

A medida que se presentaban las exigencias relativas al sábado, muchos decían: "Nosotros siempre hemos observado el domingo, nuestros padres lo observaron y muchos hombres buenos han muerto felices observándolo. La observancia de un nuevo día de reposo nos hará estar en desacuerdo con el mundo. ¿Qué podrá realizar un pequeño grupo de observadores del sábado contra todo el mundo que guarda el domingo?" Usando argumentos similares, los judíos justificaron su rechazo de Cristo. Y de la misma manera, en los días de Lutero, los papistas razonaban que los verdaderos cristianos habían muerto en la fe católica; por tanto, esa religión era suficiente. Tal razonamiento resultará una barrera para todo progreso en la fe.

Muchos afirman que la observancia del domingo ha sido una costumbre muy difundida de la iglesia durante siglos. En contra de este argumento señálese que el sábado y su observancia son aún más antiguos, tan antiguos como el mundo mismo; fueron establecidos por el "Anciano de días".

En ausencia de un testimonio bíblico, muchos afirman: "¿Por qué no entienden nuestros grandes hombres esta cuestión del sábado? Pocos creen como ustedes. No puede ser que ustedes estén en lo cierto y todos los hombres de saber estén errados".

Para refutar tales argumentos solo se necesita citar los textos de la Biblia y la forma en que el Señor trató con su pueblo en todos los siglos. La razón

---

* Ver los capítulos 24 y 25 de *El conflicto de los siglos*.

por la cual Dios no elige con mayor frecuencia a hombres de saber y posición para que sean los dirigentes en las reformas es porque ellos confían en sus credos y sistemas teológicos y no sienten la necesidad de ser enseñados por Dios. En cambio los que poseen poco del conocimiento transmitido por los centros del saber son, a veces, llamados a declarar la verdad no porque sean incultos, sino porque no confían demasiado en sí mismos y así pueden ser enseñados por Dios. Su humildad y su obediencia los hace grandes.

No es la voluntad de Dios –

No era la voluntad de Dios que los hijos de Israel vagaran 40 años por el desierto; él quería conducirlos directamente a Canaán y establecerlos allí, como un pueblo santo y feliz. Pero ellos "no pudieron entrar a causa de su incredulidad" (Hebreos 3:19). De idéntica manera, no era la voluntad de Dios que la venida de Cristo se demorara por tanto tiempo, y que su pueblo permaneciera por tantos años en el mundo de pecado y dolor. La incredulidad los separó de Dios. Por misericordia hacia el mundo, Jesús demora su venida, para que los pecadores puedan escuchar las advertencias y encontrar refugio antes que se derrame la ira de Dios.

> El mundo está en deuda con los hombres de principios, de fe y de valor por sus grandes reformas.

Ahora, así como ocurrió en los siglos anteriores, la presentación de la verdad excitará oposición. Muchos atacan malévolamente el carácter y los motivos de los que defienden una verdad impopular. Elías fue acusado de ser un perturbador de Israel; Jeremías, de traidor; San Pablo, como quien había contaminado el Templo. Desde aquellos días hasta los nuestros, todos los que han querido ser leales a la verdad han sido denunciados como sediciosos, herejes y cismáticos.

La confesión de fe hecha por santos y mártires, su ejemplo de santidad e integridad firmes, inspira valor en los que hoy son llamados a presentarse como testigos en favor de Dios. Al siervo de Dios de estos días se le da el siguiente mandato: "Alza tu voz como trompeta. Anuncia a mi pueblo su rebelión y a la casa de Jacob su pecado". "Hijo de hombre, te he puesto por centinela de la casa de Israel: tú oirás la palabra de mi boca y los amonestarás de mi parte" (Isaías 58:1; Ezequiel 33:7).

El gran obstáculo para la aceptación de la verdad es que esta involucra inconvenientes y oprobio. Este es el único argumento contra la verdad que sus defensores no han sido capaces de refutar. Pero los verdaderos seguidores de Cristo no esperan que la verdad se haga popular. Ellos aceptan la cruz, como el apóstol Pablo, confiados en que "esta leve tribulación momentánea produce en nosotros un cada vez más excelente y eterno peso de gloria", "teniendo por mayores riquezas el oprobio de Cristo que los tesoros de los egipcios" (2 Corintios 4:17; Hebreos 11:26).

Debemos elegir lo justo porque es justo, y dejar las consecuencias con Dios. El mundo está en deuda con los hombres de principios, de fe y de valor por sus grandes reformas. Y la obra de reforma para este tiempo debe ser conducida hacia el éxito por hombres semejantes.

Referencias

1 George Elliott, *The Abiding Sabbath* [El sábado perdurable], pág. 184.
2 A. E. Waffle, *The Lord's Day* [El Día del Señor], págs. 186-188.
3 *Catholic Catechism of Christian Religion* [Catecismo católico de la religión cristiana].

Esperanza real

9

La promesa de que Cristo vendrá por segunda vez para completar la gran obra de la redención es la nota tónica de las Sagradas Escrituras. Desde el Edén los hijos de la fe han esperado la venida del Prometido, quien les traería de nuevo el paraíso perdido.

Enoc, en la séptima generación descendiente de los que habitaron en el Edén, y quien por tres siglos caminó con Dios, declaró: "¡He aquí que viene el Señor, con las huestes innumerables de sus santos ángeles, para ejecutar juicio sobre todos!" (S. Judas 14, 15, VM). Job, en la noche de su aflicción, exclamó: "Yo sé que mi Redentor vive, y que al fin se levantará sobre el polvo... en mi carne he de ver a Dios. Lo veré por mí mismo; mis ojos lo verán, no los de otro" (Job 19:25-27).

Los poetas y los profetas de la Biblia se han espaciado en la venida de Cristo con ardientes palabras de fuego celestial. "¡Alégrense los cielos, y gócese la tierra!... delante de Jehová; porque viene, sí, porque viene a juzgar la tierra. ¡Juzgará al mundo con justicia, y a los pueblos con su verdad!" (Salmo 96:11-13, VM).

Dijo el profeta Isaías: "Se dirá en aquel día: '¡He aquí, este es nuestro Dios! Lo hemos esperado, y nos salvará. ¡Este es Jehová, a quien hemos esperado! Nos gozaremos y nos alegraremos en su salvación" (Isaías 25:9).

El Salvador consoló a sus discípulos con la seguridad de que él vendría otra vez: "En la casa de mi Padre muchas moradas hay... voy, pues, a preparar lugar para vosotros. Y si me voy... vendré otra vez, y os tomaré a mí mismo". "Cuando el Hijo del Hombre venga en su gloria, y todos los santos ángeles con él, entonces se sentará en su trono de gloria, y serán reunidas delante de él todas las naciones" (S. Juan 14:2, 3; S. Mateo 25:31, 32).

Los ángeles repitieron a los discípulos la promesa de su regreso: "Este mismo Jesús, que ha sido tomado de vosotros al cielo, así vendrá como lo habéis visto ir al cielo" (Hechos 1:11). San Pablo testificó: "El Señor *mismo*, con voz de mando, con voz de arcángel y con trompeta de Dios, descenderá del cielo" (1 Tesalonicenses 4:16). Y el profeta de Patmos escribió: "He aquí que viene con las nubes, y todo ojo le verá" (Apocalipsis 1:7).

Entonces será quebrantado el poder del mal que perdurara por tanto tiempo: "Los reinos del mundo han venido a ser de nuestro Señor y de su Cristo; y él reinará por los siglos de los siglos" (Apocalipsis 11:15). "Jehová, el Señor, hará brotar justicia y alabanza delante de todas las naciones" (Isaías 61:11).

Entonces el reino de paz del Mesías será establecido: "Consolará Jehová a Sion; consolará todas sus ruinas. Cambiará su desierto en un edén y su tierra estéril en huerto de Jehová" (Isaías 51:3).

La venida del Señor ha sido, en todos los siglos, la esperanza de sus verdaderos seguidores. En medio de sufrimientos y persecuciones, "la manifestación gloriosa de nuestro gran Dios y Salvador Jesucristo" era la "esperanza bienaventurada" (Tito 2:13). San Pablo señaló que la resurrección ocurriría en ocasión de la venida del Salvador, cuando los muertos en Cristo se levantarían, y junto con los vivos serían arrebatados para encontrar al Señor en el aire. "Y así estaremos siempre con el Señor. Por tanto, alentaos los unos a los otros con estas palabras" (1 Tesalonicenses 4:17, 18).

En Patmos, el discípulo amado oyó la promesa: "Ciertamente vengo en breve", y su respuesta es un eco de la oración de la iglesia: "¡Amén! ¡Ven, Señor Jesús!" (Apocalipsis 22:20).

Desde la cárcel, la hoguera y el patíbulo, donde santos y mártires dieron testimonio de la verdad, resuena a través de los siglos la expresión de su fe y esperanza. Como dice uno de esos cristianos: Estando "seguros de la resurrección personal de Cristo y, por consiguiente, de la suya propia a la venida del Señor, ellos despreciaban la muerte y la superaban".[1] Los valdenses acariciaban la misma fe. Wiclef, Lutero, Calvino, Knox, Ridley y Baxter* anticiparon con fe la venida del Señor. Tal fue la esperanza de la iglesia apostólica, de la "iglesia en el desierto" y de los reformadores.

La profecía no solamente predice la manera y el propósito de la segunda venida de Cristo, sino también presenta las señales por las cuales los hombres habrían de saber cuándo ese día estaría cerca. "Habrá señales en el sol, en la luna y en las estrellas" (S. Lucas 21:25). "El sol se oscurecerá y la luna no dará su resplandor. Las estrellas caerán del cielo y las potencias que están en los cielos serán conmovidas. Entonces verán al Hijo del Hombre, que vendrá en las nubes con gran poder y gloria" (S. Marcos 13:24-26). El revelador describe de esta manera la primera de las señales que habría de preceder a la segunda venida: "Hubo un gran terremoto. El sol se puso negro como tela de luto, la luna entera se volvió toda como sangre" (Apocalipsis 6:12).

El Salvador predijo el estado de apostasía que existiría precisamente antes de su segunda venida. Para los que vivieran en ese tiempo, Cristo dejó esta amonestación: "Mirad también por vosotros mismos, que vuestros corazones no se carguen de glotonería y de embriaguez

> La venida del Señor ha sido, en todos los siglos, la esperanza de sus verdaderos seguidores.

y de las preocupaciones de esta vida, y venga de repente sobre vosotros aquel día... Velad, pues, orando en todo tiempo que seáis tenidos por dignos de escapar de todas estas cosas que vendrán, y de estar en pie delante del Hijo del Hombre" (S. Lucas 21:34, 36).

El llamado a prepararse – Ante la proximidad de este gran día, la Palabra de Dios llama a su pueblo para que despierte y busque el rostro del Señor con arrepentimiento:

"Viene el día de Jehová, porque está cercano... ¡Proclamad ayuno, convocad asamblea, reunid al pueblo, santificad la reunión, juntad a los ancia-

---

* En el libro completo, *El conflicto de los siglos*, los lectores encontrarán la historia de los valdenses, y de los mencionados aquí y demás reformadores protestantes.

nos, congregad a los niños... salga de su alcoba el novio y de su lecho nupcial
la novia! Entre la entrada y el altar lloren los sacerdotes ministros de Jehová". "Convertíos ahora a mí con todo vuestro corazón, con ayuno, llanto y
lamento. Rasgad vuestro corazón y no vuestros vestidos, y convertíos a Jehová, vuestro Dios; porque es misericordioso y clemente, tardo para la ira
y grande en misericordia" (Joel 2:1, 15-17, 12, 13).

Debía realizarse una gran obra de reforma para preparar al pueblo con
el fin de que estuviera en pie en el Día de Dios. En su misericordia, el Señor
estaba por enviar un mensaje para despertar a quienes profesaban ser su
pueblo e inducirlos a prepararse para la venida del Señor.

La amonestación se encuentra en Apocalipsis 14. Aquí hay un mensaje triple que se presenta como proclamado por seres celestiales, seguido de
inmediato por la venida del Hijo del Hombre para segar "la mies de la tierra". El profeta vio, en medio del cielo, "volar otro ángel que tenía el evangelio eterno para predicarlo a los habitantes de la tierra, a toda nación, tribu,
lengua y pueblo. Decía a gran voz: 'Temed a Dios y dadle gloria, porque la
hora de su juicio ha llegado. Adorad a aquel que hizo el cielo y la tierra, el
mar y las fuentes de las aguas' " (Apocalipsis 14:6, 7).

Este mensaje es una parte del "evangelio eterno". La obra de predicar ha
sido confiada a los hombres. Santos ángeles la dirigen, pero la verdadera proclamación del evangelio la realizan los siervos de Dios que están sobre la Tierra.*

Peligro de resistir el llamado del evangelio – La destrucción de
Jerusalén es una solemne advertencia dirigida a todos los que resisten los
clamores de la misericordia divina. La profecía del Salvador concerniente a
los juicios sobre Jerusalén ha de tener otro cumplimiento. En la suerte co-
rrida por la ciudad escogida podemos ver la condenación de un mundo que
ha rechazado la misericordia de Dios y pisoteado su Ley. Negros son los registros de la miseria humana que el mundo ha presenciado. Terribles han
sido los resultados de rechazar la autoridad del cielo. Pero una escena aún
más tenebrosa es lo que se presenta en las revelaciones del futuro. Cuando

---

* Para un registro más detallado de este mensaje, y de quienes comenzaron a proclamarlo, ver
El conflicto de los siglos, capítulos 18 y 19, y los capítulos siguientes, los cuales desarrollan el tema
con profundidad.

el Espíritu restrictivo de Dios se haya retirado totalmente, para no frenar más los arrebatos de las pasiones humanas y de la ira satánica, el mundo contemplará, como nunca antes, los resultados del gobierno de Satanás.

En ese día, como en la destrucción de Jerusalén, será librado el pueblo de Dios (ver Isaías 4:3). Cristo vendrá la segunda vez para reunir a sus fieles consigo. "Entonces aparecerá la señal del Hijo del Hombre en el cielo, y todas las tribus de la tierra harán lamentación cuando vean al Hijo del Hombre venir sobre las nubes del cielo, con poder y gran gloria. Enviará a sus ángeles con gran voz de trompeta y juntarán a sus escogidos de los cuatro vientos, desde un extremo del cielo hasta el otro" (S. Mateo 24:30, 31).

Guárdense los hombres de descuidar las palabras de Cristo. Así como advirtió a sus discípulos acerca de la destrucción de Jerusalén para que huyeran de ella, así advierte al mundo acerca del día de la destrucción final. Todos los que quieran pueden huir de la ira que vendrá. "Entonces habrá señales en el sol, en la luna y en las estrellas, y en la tierra angustia de las gentes" (S. Lucas 21:25; ver también S. Mateo 24:29; S. Marcos 13:24-26; Apocalipsis 6:12-17). La advertencia del Señor es: "Velad, pues" (S. Marcos 13:35). Los que escuchen la advertencia no serán dejados en tinieblas.

El mundo no está más dispuesto a creer el mensaje para este tiempo que lo que estaban los judíos para recibir la advertencia del Salvador con relación a Jerusalén. Venga cuando viniere, el Día de Dios sobrevendrá en forma inadvertida para los impíos. Cuando la vida continúe su curso invariable; cuando los hombres estén absortos en el placer, los negocios y el hacer dinero; cuando los líderes religiosos estén magnificando los progresos del mundo y la gente esté adormecida en una falsa seguridad, entonces, así como el ladrón entra a medianoche en una casa sin custodia, vendrá destrucción repentina sobre los descuidados impíos, "y no escaparán" (1 Tesalonicenses 5:2-5).

Satanás trata de mantener a la gente bajo su poder – Por medio de dos grandes errores –la inmortalidad del alma y la santidad del domingo–, Satanás colocará a la gente bajo sus engaños. En tanto que el primer error coloca el fundamento del espiritismo, el último crea un lazo de simpatía con Roma.

Por medio del espiritismo Satanás aparece como un benefactor de la humanidad, alguien que sana enfermedades y presenta un nuevo sistema de fe religiosa, pero al mismo tiempo conduce a las multitudes a la ruina. La intemperancia destrona la razón; le siguen la sensualidad, las disensiones y el derramamiento de sangre. La guerra excita las peores pasiones del alma y envía a la eternidad a sus víctimas sumergidas en el vicio y la pasión. El gran enemigo tiene el plan de incitar a las naciones a la guerra, porque de esta manera puede distraer a la gente de la preparación necesaria para estar en pie en el Día de Dios.

Satanás ha estudiado los secretos de la naturaleza, y él emplea todo su poder para controlar los elementos hasta donde Dios se lo permite. Es Dios quien protege a sus criaturas del destructor. Pero el mundo cristiano ha manifestado desprecio por la Ley del Altísimo, y el Señor hará lo que él ha declarado que hará: retirar su cuidado protector de los que se rebelan contra su Ley y obligan a otros a hacer lo mismo. Satanás tiene el dominio de todos aquellos a quienes Dios no protege en forma especial. Él favorecerá y prosperará a algunos, con el fin de hacer adelantar sus propios designios; y traerá aflicciones sobre otros, para inducir a los hombres a creer que es Dios el que los aflige.

Si bien aparecerá como un gran médico que puede sanar todas las enfermedades, por otro lado Satanás acarreará enfermedad y desastres hasta que ciudades populosas sean reducidas a la ruina. Mediante accidentes en mar y tierra, por medio de grandes guerras, usando tornados y tormentas de granizo, tempestades, inundaciones, ciclones, mareas que inundan la tierra y mil otras formas, Satanás está ejerciendo su poder. Destruye la cosecha que madura, y a esto le siguen el hambre y la aflicción. Arroja al aire un efluvio letal, y miles perecen.

Luego el gran engañador persuadirá a los hombres a culpar de todos estos males a aquellos cuya obediencia a los mandamientos de Dios es una perpetua reprobación para los transgresores. Se declarará que los hombres ofenden a Dios al violar la observancia del domingo, que este pecado trae calamidades y que ellas no cesarán hasta que la observancia del domingo sea impuesta estrictamente. "Los que destruyen la reverencia del domingo están impidiendo la restauración del favor divino y la prosperidad". De este modo se repetirá la acusación hecha en la antigüedad contra el siervo de Dios: "Cuando Acab vio a Elías le dijo: ¿Eres tú el que perturba a Israel?" (1 Reyes 18:17).

Los que honran el sábado bíblico serán denunciados como enemigos de la ley y el orden, quebrantadores de las restricciones morales de la sociedad, causantes de anarquía y corrupción, y provocadores del derramamiento de los juicios de Dios sobre la Tierra. Serán acusados de desobediencia al gobierno. Predicadores que niegan la obligación de cumplir la ley de Dios presentarán desde el púlpito el deber de obedecer a las autoridades civiles. Los que observan los mandamientos serán condenados en los tribunales y en las cortes de justicia. Se dará una falsa interpretación a sus palabras; se atribuirán las peores intenciones a sus motivos.

Los dignatarios de la Iglesia y del Estado se unirán para persuadir o para obligar a todos a honrar el domingo. Aun en la libre nación de Estados Unidos los gobernantes y legisladores cederán a la demanda popular para dictar una ley que imponga la observancia del domingo. La libertad de conciencia, que ha costado un sacrificio tan grande, no será ya respetada. En el conflicto inminente veremos ejemplificadas las palabras del

> Es Dios quien protege a sus criaturas del destructor.

profeta: "El dragón se llenó de ira contra la mujer y se fue a hacer la guerra contra el resto de la descendencia de ella, contra los que guardan los mandamientos de Dios y tienen el testimonio de Jesucristo" (Apocalipsis 12:17).

Siervos de Dios, con sus rostros iluminados por su santa consagración, se apresurarán de lugar en lugar para proclamar el mensaje del cielo. Seguirán milagros, y los enfermos sanarán. Satanás también obrará con milagros mentirosos, aun haciendo descender fuego del cielo (ver Apocalipsis 13:13). Así los habitantes de la Tierra serán preparados para hacer su decisión.

El mensaje avanzará no tanto mediante argumentos sino gracias a la profunda convicción obrada por el Espíritu de Dios. Los argumentos han sido presentados, las publicaciones han ejercido su influencia; sin embargo, muchos se han visto impedidos de comprender en forma plena la verdad. Ahora ésta aparece con toda su claridad. Los vínculos familiares, las relaciones con la iglesia, son impotentes para detener a los honestos hijos de Dios. A pesar de las fuerzas combinadas contra la verdad, un gran número de personas tomará su lugar en las filas del Señor.

Los que honran la Ley de Dios serán considerados como la causa de la terrible lucha y el derramamiento de sangre que llenan la Tierra de desgracia. El poder que acompaña a la última advertencia ha encolerizado a los malvados, y Satanás excitará el espíritu de odio y persecución contra todos los que han recibido el mensaje.

Una fe que permanece – El tiempo de aflicción y angustia que está delante de nosotros requiere una fe que soporte el cansancio, la demora y el hambre, una fe que no desfallezca por severa que sea la prueba. La victoria de Jacob es una evidencia del poder de la oración importuna. Todos los que se aferren a las promesas de Dios, como lo hizo Jacob, tendrán el mismo éxito que él obtuvo. ¡Luchar con Dios!; ¡cuán pocos saben lo que esto significa! Cuando las olas de la desesperación envuelven al suplicante, ¡cuán pocos se aferran con fe a las promesas de Dios!

Pronto ocurrirán en los cielos, como una demostración del poder de los demonios obradores de milagros, sucesos terribles de carácter sobrenatural. Espíritus de demonios "irán a los reyes de la tierra", en todo el mundo, para instarlos a unirse con Satanás en su última batalla contra el gobierno del Cielo. Surgirán personas que pretenderán ser Cristo mismo. Ellas realizarán milagros de sanamiento y profesarán tener revelaciones del Cielo que contradicen las Escrituras.

El acto culminante – Como acto culminante en el gran drama de engaño, Satanás mismo se hará pasar por Cristo. Por largo tiempo la iglesia ha esperado el advenimiento del Salvador como la consumación de sus esperanzas. Ahora el gran engañador hará parecer como que Cristo ha venido. Satanás se manifestará como un ser majestuoso de brillo deslumbrante, imitando la descripción del Hijo de Dios que hay en el Apocalipsis (ver Apocalipsis 1:13-15).

La gloria que lo rodea no es sobrepasada por cosa alguna que los ojos mortales hayan observado. Resuenan los clamores de triunfo: "¡Cristo ha venido!" La gente se postra ante él. Y él levanta sus manos y los bendice. Su voz es suave, y a la vez llena de melodía. En tonos compasivos presenta algunas de las verdades celestiales que pronunciara el Salvador. Sana a los enfermos y luego, en su presunto carácter de Cristo, asevera haber cambiado el reposo del sábado al domingo. Declara que quienes observan el séptimo día están blasfemando su nombre. Este es el engaño más poderoso, casi supremo. Multitudes prestan oído a estos sortilegios y dicen: "Este es el gran poder de Dios" (Hechos 8:10).

El pueblo de Dios no resulta engañado – Pero el pueblo de Dios no resulta engañado. Las enseñanzas de este falso Cristo no están de acuerdo con las Escrituras. Pronuncia su bendición sobre los adoradores de la bestia y de su imagen; es decir, precisamente sobre la clase de gente que, según declara la Biblia, recibirá la ira de Dios sin mezcla de misericordia.

Además, a Satanás no se le permite falsificar la forma en que se producirá el advenimiento de Cristo. El Salvador ha advertido a su pueblo contra el engaño en este punto. "Se levantarán falsos Cristos y falsos profetas, y harán grandes señales y prodigios, de tal manera que engañarán, si es posible, aun a los escogidos... Así que, si os dicen: 'Mirad, está en el desierto', no salgáis; o 'Mirad, está en los aposentos', no lo creáis, porque igual que el relámpago sale del oriente y se muestra hasta el occidente, así será también la venida del Hijo del Hombre" (S. Mateo 24:24-27; ver también 25:31; Apocalipsis 1:7; 1 Tesalonicenses 4:16, 17). No existe posibilidad alguna de falsificar esta venida, pues será presenciada por el mundo entero.

Sólo los diligentes estudiosos de las Escrituras, quienes han recibido el amor de la verdad, se hallarán escudados contra el poderoso engaño que cautiva al mundo. Por medio del testimonio de la Biblia, éstos descubrirán al engañador detrás de su disfraz. ¿Están los hijos de Dios hoy tan firmemente establecidos en la Palabra que no cederán a las evidencias de sus propios sentidos? En una crisis semejante, ¿se aferrarán ellos a la Biblia, y a la Biblia solamente?

Referencia

1   Daniel T. Taylor, *The Reign of Christ on Earth; or The Voice of the Church in All Ages* [El reinado de Cristo en la Tierra; o La voz de la iglesia en todas las épocas], pág. 33.

10 El gran rescate

Cuando la protección de las leyes humanas les sea negada a los que honran la ley de Dios, habrá en diferentes países un movimiento simultáneo con el propósito de destruirlos. Cuando el tiempo señalado por el decreto esté cerca, la gente conspirará para asestar, en una determinada noche, un golpe decisivo que silenciará a disidentes y a réprobos.

El pueblo de Dios –algunos en las celdas de las cárceles, otros en los bosques y las montañas– ruega por la protección divina. Hombres armados, instigados por los malos ángeles, se están preparando para la obra de muerte. Ahora, en la hora de máximo rigor, Dios se interpondrá: "Vuestros cánticos resonarán como en la noche en que se celebra Pascua, y tendréis alegría de corazón, como la del que va... al monte de Jehová, al Fuerte de Israel. Y Jehová hará oír su potente voz, y hará ver cómo descarga su brazo, con furor en su rostro y llama de fuego consumidor, con torbellino, tempestad y piedras de granizo" (Isaías 30:29, 30).

Multitudes de hombres malvados están a punto de arrojarse sobre su presa, cuando densas tinieblas, más oscuras que la noche, descienden sobre la Tierra. Entonces un arco iris se extiende de un lado al otro del cielo y parece circuir a cada grupo que está orando. Las encolerizadas multitudes son contenidas. Olvidan a los objetos de su furia. Fijan la mirada en el símbolo del pacto de Dios y anhelan ser protegidos de su brillo.

El pueblo de Dios oye una voz que dice: "¡Miren hacia arriba!" A semejanza de Esteban, el primer mártir cristiano, miran hacia arriba y observan la gloria de Dios y del Hijo del Hombre sobre su Trono (ver Hechos 7:55, 56). Luego disciernen las marcas de su humillación y escuchan su pedido: "Padre, aquellos que me has dado, quiero que donde yo esté, también ellos estén conmigo" (S. Juan 17:24). Entonces se oye una voz que dice: "¡Que vengan! ¡Que vengan!, santos, inocentes e inmaculados. Guardaron la palabra de mi paciencia".

¡Llega la liberación! – A medianoche, Dios manifiesta su poder en favor de la liberación de su pueblo. El sol aparece brillando con toda su fuerza. Siguen señales y milagros. Los malvados observan con terror la escena, mientras los justos contemplan las prendas de su liberación. En medio del cielo conmovido aparece un espacio claro de gloria indescriptible desde donde viene la voz de Dios, como el sonido de muchas aguas, que dice: "¡Ya está hecho!" (Apocalipsis 16:17).

Esa voz conmueve los cielos y la Tierra. Ocurre un terrible terremoto, "cual no lo hubo jamás desde que los hombres existen sobre la tierra" (Apocalipsis 16:18). Las rocas partidas se esparcen para todos lados. El mar es azotado con furia. Se escucha el rugido de un huracán como voz de demonios. La superficie de la Tierra es quebrantada. Parece que sus mismos fundamentos ceden. Puertos marítimos que han llegado a ser como Sodoma por su impiedad son tragados por las aguas agitadas. "La gran Babilonia vino en memoria delante de Dios, para darle el cáliz del vino del ardor de su ira" (Apocalipsis 16:19). Grandes piedras de granizo hacen su obra de destrucción. Ciudades orgullosas resultan abatidas. Palacios señoriales, en los cuales los hombres han malgastado su riqueza, se transforman en escombros ante su vista. Los muros de las cárceles se parten de arriba abajo, y el pueblo de Dios es liberado.

Se abren las tumbas, y "muchos de los que duermen en el polvo de la tierra serán despertados: unos para vida eterna, y otros para vergüenza y confusión perpetua". "Los que lo traspasaron", los que se mofaron de las agonías del Cristo moribundo, y los más violentos opositores de su verdad, son resucitados para observar el honor que se tributa a los leales y obedientes (Daniel 12:2; Apocalipsis 1:7).

Fieros relámpagos envuelven la Tierra en un círculo de fuego. Por encima del trueno, voces misteriosas y terribles declaran la condenación de los depravados. Los que estaban jactanciosos y desafiantes, crueles con el pueblo que guarda los mandamientos de Dios, ahora se estremecen de terror. Los demonios tiemblan, en tanto que los hombres claman por misericordia.

El Día del Señor – Dijo el profeta Isaías: "Aquel día arrojará el hombre a los topos y murciélagos sus ídolos de plata y sus ídolos de oro, que le hicieron para que adorara. Se meterá en las hendiduras de las rocas y en las cavernas de las peñas, a causa de la presencia formidable de Jehová y del resplandor de su majestad, cuando se levante para castigar la tierra" (Isaías 2:20, 21).

Los que lo han sacrificado todo por Cristo ahora están seguros. Ante la vista del mundo y desafiando la muerte, han demostrado su fidelidad al Ser que murió por ellos. Sus rostros, hasta hace poco pálidos y demacrados, ahora brillan de admiración. Sus voces se elevan en un cántico triunfante: "Dios es nuestro amparo y fortaleza, nuestro pronto auxilio en las tribulaciones. Por tanto, no temeremos, aunque la tierra sea removida y se traspasen los montes al corazón del mar; aunque bramen y se turben sus aguas, y tiemblen los montes a causa de su braveza" (Salmo 46:1-3).

Mientras estas palabras de santa confianza ascienden a Dios, la gloria de la ciudad celestial traspasa los portales abiertos. Luego aparece una mano en los cielos que sostiene dos tablas de piedra. Esa Ley santa, proclamada desde el Sinaí, ahora es revelada como la regla del juicio. Las palabras son tan claras que todos pueden leerlas. Se despierta la memoria. Se destierran de la mente la oscuridad de la superstición y la herejía.

Es imposible describir el horror y la desesperación de aquellos que han pisoteado la Ley de Dios. Para obtener el favor del mundo, ellos anularon sus preceptos y enseñaron a otros a transgredirlos. Ahora son condenados por la Ley que han despreciado; ven que están sin excusa. Los enemigos de la Ley de Dios tienen un nuevo concepto de la verdad y el deber. Ven, demasiado tarde, que el sábado es el sello del Dios vivo. Demasiado tarde ven el fundamento de arena sobre el cual han estado edificando. Han estado luchando contra Dios. Los maestros religiosos han conducido sus almas a la perdición mientras profesaban guiarlos al paraíso. ¡Cuán grande es la responsabilidad de los hombres que tienen un oficio sagrado, y cuán terribles los resultados de su infidelidad!

Aparece el Rey de reyes – Se oye la voz de Dios que declara el día y la hora de la venida de Jesús. El Israel de Dios escucha con los ojos elevados al cielo mientras su semblante resplandece con la gloria del Altísimo. Pronto aparece en el este una pequeña nube negra. Es la nube que rodea al Salvador. En medio de un silencio solemne, los hijos de Dios la miran con atención mientras se acerca, hasta que se convierte en una gran nube blanca que tiene como base una gloria semejante a fuego consumidor y, como corona, el arco iris del pacto. Jesús está sentado en ella como poderoso conquistador, no como "varón de dolores". Lo acompañan santos ángeles, una multitud inmensa e innumerable, "millones de millones y millares de millares". Todos los ojos observan al Príncipe de la vida. Una diadema de gloria descansa sobre su frente. Su semblante brilla más que el sol del mediodía. Y "en su vestidura y en su muslo tiene escrito este nombre: REY DE REYES Y SEÑOR DE SEÑORES" (Apocalipsis 19:16).

> "¡He aquí, este es nuestro Dios! Lo hemos esperado, y nos salvará".

El Rey de reyes desciende en la nube, envuelto en llamas de fuego. La Tierra tiembla delante de él. "Vendrá nuestro Dios y no callará; fuego consumirá delante de él y tempestad poderosa le rodeará. Convocará a los cielos de arriba y a la tierra, para juzgar a su pueblo" (Salmo 50:3, 4).

"Los reyes de la tierra, los grandes, los ricos, los capitanes, los poderosos, todo esclavo y todo libre, se escondieron en las cuevas y entre las peñas de los montes, y decían a los montes y a las peñas: 'Caed sobre nosotros y escondednos del rostro de Aquel que está sentado sobre el trono, y de la ira del Cordero, porque el gran día de su ira ha llegado, y ¿quién podrá sostenerse en pie?' " (Apocalipsis 6:15-17). Cesan las bromas burlonas, callan los labios mentirosos. No se oye otra cosa que la voz de la oración y el sonido de la lamentación. Los malvados ruegan ser enterrados bajo las rocas antes que hacer frente al rostro del Ser a quien han traspasado. Conocen esa voz que penetra el oído de los muertos. ¡Cuán a menudo los había llamado, con tonos cariñosos, al arrepentimiento! ¡Cuán a menudo fue oída su voz en la invitación de un amigo, un hermano, un Redentor! Esa voz despierta los recuerdos de advertencias despreciadas e invitaciones rechazadas.

Están también los que se mofaron de Cristo en su humillación. Él declaró: "Desde ahora veréis al Hijo del Hombre sentado a la diestra del poder de Dios y viniendo en las nubes del cielo" (S. Mateo 26:64). Ahora lo contemplan en su gloria; y aun han de verlo sentado a la diestra del poder de Dios. Allí está el altivo Herodes, quien se burló de su título real. Ahí están los hombres que colocaron sobre su frente la corona de espinas y en su mano el cetro burlesco, los que se arrodillaron delante de él con burlas blasfemas, los que escupieron el rostro del Príncipe de la vida. Tratan de huir de su presencia. Los que atravesaron sus manos y sus pies con los clavos contemplan esas marcas con terror y remordimiento.

Con aterradora claridad, los sacerdotes y los gobernantes recuerdan los sucesos del Calvario y cómo, meneando sus cabezas con regocijo satánico, exclamaron: "A otros salvó, pero a sí mismo no se puede salvar" (S. Mateo 27:42). Con un sonido más alto que el clamor que resonara en Jerusalén –"¡Crucifícale, crucifícale!"– se eleva el clamor de la desesperación: "¡Es el Hijo de Dios!" Tratan de huir de la presencia del Rey de reyes.

En la vida de todos los que rechazan la verdad hay momentos cuando la conciencia despierta, cuando el alma es acosada por vanos remordimientos. Pero ¡qué son estas cosas comparadas con el remordimiento de aquel día! En medio del terror oyen las voces de los santos que exclaman: "¡He aquí, este es nuestro Dios! Lo hemos esperado, y nos salvará" (Isaías 25:9).

Resurrección del pueblo de Dios – La voz del Hijo de Dios llama a los santos que duermen. Por toda la Tierra los muertos oirán esa voz, y los que la oigan vivirán. Formarán un gran ejército constituido por gente de toda nación, tribu, lengua y pueblo. Desde la cárcel de la muerte salen reves-

tidos de una gloria inmortal y exclamando: "¿Dónde está, muerte, tu aguijón? ¿Dónde, sepulcro, tu victoria?" (1 Corintios 15:55).

Cada uno sale de la tumba teniendo la misma estatura que cuando en-
tró en ella. Pero todos se levantan con la frescura y el vigor de la juventud
eterna. Cristo vino a restaurar lo que se había perdido. Él cambiará nuestros cuerpos viles y los transformará a la semejanza de su cuerpo glorioso.

La forma mortal y corruptible, una vez mancillada por el pecado, llega
a ser perfecta, hermosa e inmortal. Las manchas y las deformidades quedan en la tumba. Los últimos rastros de la maldición del pecado son quita-
dos, y los redimidos crecerán hasta la estatura plena de la raza humana en
su gloria primigenia. Los fieles de Cristo reflejarán en la mente, el alma y el
cuerpo la imagen perfecta de su Señor.

Los justos vivos son cambiados "en un momento, en un abrir y cerrar de
ojos". A la voz de Dios, son hechos inmortales y, junto con los santos resucitados, son arrebatados para encontrar al Señor en el aire. Ángeles "juntarán a sus escogidos de los cuatro vientos, desde un extremo del cielo hasta
el otro" (1 Corintios 15:52; S. Mateo 24:31). Los niños pequeños son entregados en los brazos de sus madres. Amigos separados por largo tiempo por
causa de la muerte resultan reunidos, para no separarse más, y con cánticos de alegría ascienden juntos a la Ciudad de Dios.

En la Santa Ciudad – A lo largo de la innumerable hueste de los redimidos, toda mirada está fija en Jesús. Todo ojo contempla su gloria y ese
rostro que fue desfigurado más que cualquier hombre, y ven su hermosura
más que la de los hijos de los hombres (ver Isaías 52:14). Jesús coloca la corona de gloria sobre las cabezas de los vencedores. Para cada uno hay una
corona que lleva su propio "nombre nuevo" (Apocalipsis 2:17) y la inscrip-
ción: "Santidad a Jehová". En la mano de todos se coloca la palma de la victoria y el arpa brillante. Entonces, cuando el ángel director da la nota, todas
las manos pulsan las cuerdas con hábiles dedos y prorrumpen en estrofas
de rica melodía. Todas las voces se elevan en agradecida acción de gracias:
"Al que nos ama, nos ha lavado de nuestros pecados con su sangre y nos
hizo reyes y sacerdotes para Dios, su Padre, a él sea gloria e imperio por los
siglos de siglos" (Apocalipsis 1:5, 6).

Ante las multitudes redimidas se eleva la Santa Ciudad. Jesús abre los portales, y las naciones que han guardado la verdad entran a ella. Luego se oye su voz mientras proclama: "Venid, benditos de mi Padre, heredad el Reino preparado para vosotros desde la fundación del mundo" (S. Mateo 25:34). Cristo le presenta al Padre la compra hecha con su sangre y declara: "Aquí estoy yo con los hijos" que me has dado. "A los que me diste, yo los guardé" (Hebreos 2:13; S. Juan 17:12). ¡Oh, qué maravillosa es esa hora cuando el Padre infinito, al mirar a los redimidos, contemplará su imagen, de la cual ha sido removida la mancha del pecado, y a los seres humanos otra vez restaurados a la armonía con lo divino!

El gozo del Salvador consiste en ver, en el reino de la gloria, a las almas salvadas gracias a su agonía y humillación. Los redimidos compartirán su gozo: contemplan a los que ganaron a través de sus oraciones, trabajos y sacrificio amante. Su corazón se verá lleno de alegría cuando vean que este ha ganado a otros; y estos, a otros más.

Los dos adanes se encuentran – Cuando los redimidos reciben la bienvenida en la Ciudad de Dios, un grito exultante rasga los aires. Están por encontrarse los dos Adanes. El Hijo de Dios ha de recibir al padre de nuestra raza: aquel a quien creó, el que pecó, aquel por cuyo pecado existen las señales de la crucifixión en el cuerpo del Salvador. Cuando Adán discierne las marcas de los clavos, se arroja con humillación a los pies de Cristo. El Salvador lo levanta y le pide que de nuevo observe el hogar edénico del cual había sido exiliado por tanto tiempo.

La vida de Adán estuvo llena de dolor. Cada hoja que moría, cada víctima de un sacrifico, cada mancha que mancillaba la pureza del hombre, le era un recordativo de su pecado. Terrible fue la agonía de remordimiento cuando hizo frente a los reproches que se le hacían por causa del pecado.

Fielmente se arrepintió de su pecado, y murió en la esperanza de la resurrección. Ahora, a través de la expiación, Adán es reinstalado.

Transportado de gozo, contempla los árboles que una vez fueron su delicia, cuyo fruto él mismo había recogido en los días de su inocencia. Ve las viñas que sus propias manos cuidaron, las mismas flores que una vez amó cultivar. ¡Este es, en realidad, el Edén restaurado!

El Salvador lo lleva al árbol de la vida y lo invita a comer. Él observa a la multitud de su familia redimida. Y entonces arroja su corona a los pies de Jesús y abraza al Redentor. Pulsa el arpa, y los ámbitos del cielo repercuten con el eco de su cántico triunfal: "El Cordero que fue inmolado es digno de tomar el poder" (Apocalipsis 5:12). La familia de Adán echa sus coronas a los pies del Salvador mientras se postra en adoración. Los ángeles, que lloraron cuando se produjo la caída de Adán y se regocijaron cuando Jesús abrió la tumba en favor de todos los que creyeran en su nombre, ahora contemplan la obra de la redención realizada y unen sus voces en alabanza.

Sobre el "mar de vidrio mezclado con fuego" se reúne el grupo de los que "habían alcanzado la victoria sobre la bestia y su imagen, sobre su marca y el número de su nombre". Los 144.000 fueron redimidos de entre los hombres, y ellos cantan un cántico nuevo, el cántico de Moisés y del Cordero (Apocalipsis 15:2, 3). Ninguno fuera de los 144.000 puede aprender ese canto, porque es el cántico de una experiencia que ningún otro grupo ha tenido jamás. "Estos son los que... siguen al Cordero por dondequiera que va". Estos, habiendo sido trasladados de entre los vivos, son las "primicias para Dios y para el Cordero" (Apocalipsis 14:4, 5). Pasaron por un tiempo de angustia tal como no lo hubo desde que existiera la humanidad; soportaron la angustia de Jacob; permanecieron en pie sin un Intercesor a través del derramamiento de los juicios de Dios. Ellos "han lavado sus ropas y las han blanqueado en la sangre del Cordero"; "en sus bocas no fue hallada mentira, pues son sin mancha" delante de Dios; "no tendrán hambre ni sed, y el sol no caerá más sobre ellos, ni calor alguno; porque el Cordero que está en medio del trono los pastoreará, y los guiará a fuentes de aguas de vida. Y Dios enjugará toda lágrima de los ojos de ellos" (Apocalipsis 7:14; 14:5; 7:16, 17).

> El Rey de gloria ha limpiado las lágrimas de todos los rostros. Ellos prorrumpen en un cántico de alabanza claro, dulce y armonioso.

Los redimidos en la gloria – En todas las edades los escogidos del Salvador transitaron sendas estrechas. Fueron purificados en el horno de la aflicción. Por causa de Cristo soportaron el odio, la calumnia, la abnegación y amargos chascos. Conocieron el mal del pecado, su poder, su culpa, su aflicción; lo miraron con aborrecimiento. Un sentido del infinito sacrificio hecho para curarlos los humilla y llena su corazón de gratitud. Aman mucho porque les ha sido perdonado mucho (ver S. Lucas 7:47). Habiendo sido participantes de los sufrimientos de Cristo, están preparados para participar de su gloria.

Los herederos de Dios vienen de buhardillas, chozas, cárceles, patíbulos, montañas, desiertos, cavernas. Fueron "pobres, angustiados, maltratados" (Hebreos 11:37). Millones descendieron a la tumba cargados de infamia porque rehusaron ceder a Satanás. Pero ahora ya no tienen ninguna aflicción, no están esparcidos ni oprimidos. Por tanto, se hallan revestidos de los mantos más ricos que los que usaron los hombres más honrados de la Tierra, coronados con las diademas más gloriosas que jamás se hayan colocado en la frente de los monarcas terrenales. El Rey de gloria ha limpiado las lágrimas de todos los rostros. Ellos prorrumpen en un cántico de alabanza claro, dulce y armonioso. Las antífonas resuenan en las bóvedas del cielo: "La salvación pertenece a nuestro Dios, que está sentado en el trono, y al Cordero". Y todos responden: "Amén. La bendición, la gloria, la sabiduría, la acción de gracias, la honra, el poder y la fortaleza sean a nuestro Dios por los siglos de los siglos" (Apocalipsis 7:10, 12).

En esta vida solo podemos comenzar a entender el tema maravilloso de la redención. Con nuestra comprensión finita podemos considerar con el máximo fervor la vergüenza y la gloria, la vida y la muerte, la justicia y la misericordia que se encuentran en la cruz; sin embargo, ni aun con nuestros más altos vuelos del pensamiento alcanzamos a abarcar su pleno significado. La longitud y la anchura, la profundidad y la altura del amor redentor se comprenden solo oscuramente. El plan de redención nunca será plenamente entendido, aunque los redimidos lleguen a ver como son vistos y a conocer como son conocidos; pero a través de las edades eternas continuarán desplegándose nuevas verdades a la mente admirada y deleitada. Aunque las angustias, los dolores y las tentaciones de la Tierra han terminado y su causa ha sido suprimida, el pueblo de Dios siempre tendrá un conocimiento inequívoco, inteligente, de lo que ha costado su salvación.

La cruz será el canto de los redimidos por toda la eternidad. En el Cristo glorificado contemplarán al Cristo crucificado. Nunca se olvidará que la Majestad del cielo se humilló a sí mismo para elevar al hombre caído; que soportó la culpa y la vergüenza del pecado y el ocultamiento del rostro de su Padre, hasta que la agonía de un mundo perdido quebrantó su corazón y terminó con su vida. El Hacedor de todos los mundos puso a un lado su gloria por amor al hombre; esto siempre excitará la admiración del universo. Cuando las naciones de los salvados contemplen a su Redentor y comprendan que su reino no tendrá fin, prorrumpirán en este cántico: "¡Digno, digno es el Cordero que fue inmolado, y nos ha redimido para Dios con su propia preciosísima sangre!"

El misterio de la cruz explica todos los misterios. Se verá que aquel que es infinito en sabiduría no podía idear otro plan para nuestra salvación fuera del sacrificio de su Hijo. La compensación por este sacrificio es el gozo que tendrá de poblar la Tierra con seres redimidos, santos, felices e inmortales. Tan grande es el valor del alma que el Padre está satisfecho con el precio pagado. Y Cristo mismo, contemplando los frutos de su gran sacrificio, también está satisfecho.

11 La victoria del amor

Al final de los mil años,* **Cristo regresa** a la Tierra acompañado por los redimidos y una comitiva de ángeles. Él ordena a los impíos que se levanten para recibir su castigo. Ellos obedecen, en número tan incontable como las arenas del mar, mostrando las huellas de la enfermedad y la muerte. ¡Qué contraste con los que fueron levantados en la primera resurrección!

Todas las miradas se concentran en la gloria del Hijo de Dios. A una voz la hueste de los impíos exclama: "¡Bendito el que viene en el nombre del Señor!" (S. Mateo 23:39). No es el amor lo que les inspira esta exclamación; es la fuerza de la verdad la que empuja a estas palabras a salir de labios reacios. Los impíos salen de sus tumbas con la misma enemistad hacia Cristo y con el mismo espíritu de rebelión con que bajaron a ellas. No han de tener una nueva oportunidad para remediar su vida pasada.

Dice el profeta: "En aquel día se afirmarán sus pies sobre el Monte de los Olivos... El Monte de los Olivos se partirá por la mitad" (Zacarías 14:4). Cuando la nueva Jerusalén baja del cielo, descansa en el lugar preparado, y Cristo, su pueblo y los ángeles entran en la Santa Ciudad.

Mientras estaba privado de su obra de engañar, el príncipe del mal se

---

* Este es el milenio descripto en la Biblia (Apocalipsis 20:1-6) y en el libro completo, *El conflicto de los siglos*, capítulo 42.

sentía miserable y abatido. Pero al ver a los impíos resucitar y a las vastas multitudes a su lado, sus esperanzas reviven. Resuelve no ceder en el gran conflicto: comandará a los perdidos reuniéndolos bajo su estandarte. Y estos, al rechazar a Cristo, han aceptado la dirección del jefe rebelde y están listos para obedecerle. Sin embargo, consecuente con su engaño anterior, él no se manifiesta como Satanás. Declara ser el dueño legal del mundo, cuya herencia le ha sido injustamente arrebatada. Se presenta como un redentor, asegurando a sus engañados súbditos que es su poder el que los ha levantado de la tumba. Satanás da fuerzas a los débiles, e inspira a todos con su propia energía, para conducirlos con el fin de tomar posesión de la Ciudad de Dios. Señala a los innumerables millones que han sido levantados de entre los muertos y declara que, como dirigente de ellos, es capaz de recuperar su trono y reino.

En la vasta multitud se halla la raza longeva que existió antes del diluvio, hombres de gloriosa estatura e intelecto gigantesco; hombres cuyas obras maravillosas indujeron al mundo a idolatrar su genio, pero cuya crueldad e inventos malignos hicieron que Dios los eliminara de su creación. Hay reyes y generales que nunca perdieron una batalla. En la muerte no experimentaron ningún cambio. Al salir de la tumba están impulsados por el mismo deseo de conquista que los dominó cuando cayeron.

El asalto final contra Dios – Satanás consulta con estos hombres poderosos. Ellos declaran que el ejército que está dentro de la ciudad es pequeño y pueden ser vencidos. Hábiles artesanos construyen implementos de guerra. Líderes militares organizan a los hombres en compañías y divisiones.

Por fin se da la orden de ataque, y la hueste innumerable avanza; un ejército que las fuerzas combinadas de todas las edades jamás podría igualar. Satanás va a la vanguardia, y reyes y guerreros lo acompañan. Con precisión militar, las columnas cerradas avanzan sobre la quebrada superficie de la Tierra hacia la Ciudad de Dios. Jesús ordena cerrar las puertas de la Nueva Jerusalén, y los ejércitos de Satanás se alistan para el ataque.

Ahora Cristo aparece a la vista de sus enemigos. Muy por encima de la ciudad, sobre un fundamento de oro bruñido, se halla su trono. Sobre este trono se sienta el Hijo de Dios, y en torno a él están los súbditos de su reino. La gloria del Padre eterno circunda a su Hijo. El fulgor de su presencia irradia atravesando las puertas e inunda la Tierra con su brillantez.

Cerca del trono se hallan quienes una vez fueron celosos en la causa de Satanás pero que, arrebatados como tizones ardientes, han seguido a su Salvador con intensa devoción. Próximos a ellos están los que han perfeccionado sus caracteres en medio de la falsedad y la infidelidad, los que honraron la Ley de Dios cuando el mundo la declaraba abolida, y los millones, de todas las edades, martirizados por su fe. Más allá está la "gran multitud, la cual nadie podía contar, de todas las naciones, tribus, pueblos y lenguas... delante del trono y en la presencia del Cordero, vestidos de ropas blancas y con palmas en sus manos" (Apocalipsis 7:9). Su lucha ha terminado, la victoria está ganada. La palma es un símbolo de triunfo; el manto blanco, un emblema de la justicia de Cristo, la cual ahora les pertenece.

En toda esa multitud no existe nadie que se atribuya la salvación a sí mismo gracias a su propia bondad. Nada se dice de lo que han sufrido; la nota tónica de todos sus cánticos es: Salvación a nuestro Dios y al Cordero.

Sentencia pronunciada contra los rebeldes – En presencia de los habitantes reunidos de la Tierra y del Cielo ocurre la coronación del Hijo de Dios. Y ahora, investido de suprema majestad y poder, el Rey de reyes pronuncia la sentencia sobre los rebeldes que han transgredido su Ley y oprimido a su pueblo. "Vi un gran trono blanco y al que estaba sentado en él, de delante del cual huyeron la tierra y el cielo y ningún lugar se halló ya para ellos. Y vi los muertos, grandes y pequeños, de pie ante Dios. Los libros fueron abiertos, y otro libro fue abierto, el cual es el libro de la vida. Y fueron juzgados los muertos por las cosas que estaban escritas en los libros, según sus obras" (Apocalipsis 20:11, 12).

Cuando la mirada de Jesús se fija en los impíos, estos son conscientes de todos los pecados que cometieron alguna vez. Ven sus propios pies apartarse de la senda de la santidad, las tentaciones seductoras que aceptaron por su complacencia con el pecado, los mensajeros de Dios despreciados, las advertencias desoídas, las oleadas de misericordia rechazadas por un corazón obstinado e impenitente; todo aparece como si estuviera escrito con letras de fuego.

Por encima del trono se revela la cruz. Como en visión panorámica aparecen las escenas de la caída de Adán y los pasos sucesivos en el plan de la redención. El nacimiento humilde del Salvador; su vida de sencillez; su bautismo en el Jordán; su ayuno y tentación en el desierto; su ministerio para presentar ante los hombres las bendiciones del Cielo; los días llenos de obras de misericordia; las noches de oración en la montaña; las maquinaciones llenas de envidia y malicia con que fueron pagados sus beneficios; la agonía misteriosa en el Getsemaní bajo el peso de los pecados del mundo; su traición por parte de la turba asesina; los sucesos de la noche de horror –el preso voluntario abandonado por sus discípulos, juzgado en el palacio del sumo sacerdote, en la corte de juicio de Pilato, ante el cobarde Herodes, burlado, insultado, torturado y condenado a morir–; todas estas cosas son presentadas vívidamente.

> En toda esa multitud no existe nadie que se atribuya la salvación a sí mismo gracias a su propia bondad.

Y luego, ante las multitudes inquietas, se revelan las escenas finales: el Sufridor paciente que recorre el camino del Calvario; el Príncipe del Cielo que pende de la cruz; los sacerdotes y los rabinos que se mofan de su agonía moribunda; la oscuridad sobrenatural que señala el momento cuando el Redentor del mundo deponía su vida.

El espectáculo horrible aparece tal como es. Satanás y sus súbditos no tienen poder para dejar de observar la escena. Cada actor recuerda la parte que desempeñara. Herodes, quien dio muerte a los niños inocentes de Belén; la vil Herodías, sobre cuya alma descansa la sangre de Juan el Bautista; el débil Pilato, esclavo de las circunstancias; los soldados burladores; la turba enloquecida que exclamaba: "¡Su sangre sea sobre nosotros y sobre nuestros hijos!" (S. Mateo 27:25); todos tratan en vano de esconderse de la majestad divina de su rostro, mientras que los redimidos arrojan sus coronas a los pies del Salvador y exclaman: "¡Él murió por mí!"

Allí está Nerón, monstruo lleno de crueldad y vicios, contemplando la exaltación de aquellos en cuya angustia encontrara satánica delicia. Su madre presencia su propia obra, y cómo las pasiones estimuladas por su influencia y ejemplo dieron como fruto crímenes que han horrorizado al mundo.

Hay sacerdotes y prelados papistas que pretendieron ser embajadores de Cristo y, sin embargo, emplearon el potro, la prisión y la hoguera para dominar al pueblo de Dios. Allí están los orgullosos pontífices que se exaltaron por encima de Dios y pensaron poder cambiar la Ley del Altísimo. Esos pretendidos padres tienen una cuenta que rendir delante de Dios. Demasiado tarde ven ahora que el Omnipotente es celoso de su Ley. Se dan cuenta ahora de que Cristo identifica sus intereses con su pueblo sufriente.

Todo el mundo impío se halla en juicio, acusado de alta traición contra el gobierno del Cielo. No tienen ningún argumento para defender su causa; no tienen ninguna excusa; y la sentencia de la muerte eterna se pronuncia contra ellos.

Los impíos ven lo que han perdido por su rebelión. El alma perdida exclama: "Todo esto yo lo habría podido obtener. ¡Oh, extraña infatuación! He cambiado la paz, la felicidad y el honor por la desdicha, la infamia y la desesperación". Todos ven que su exclusión del cielo es justa, pues mediante su vida habían declarado: "No queremos que este Jesús reine sobre nosotros".

Satanás, derrotado – Como fascinados, los malvados observan la coronación del Hijo de Dios. Ven en sus manos las tablas de la Ley divina que despreciaron. Presencian el clamor de la adoración proveniente de los salvados; y mientras las oleadas de melodías repercuten por encima de las multitudes que están fuera de la ciudad, todos exclaman: "Grandes y maravillosas son tus obras, Señor Dios Todopoderoso; justos y verdaderos son tus caminos, Rey de los santos". Y postrándose, adoran al Príncipe de la vida (Apocalipsis 15:3).

Satanás parece paralizado. Habiendo sido una vez el querubín cubridor, recuerda de dónde ha caído. Está para siempre excluido del concilio en donde una vez fue honrado. Ve ahora a otro junto al Padre, un ángel de majestuosa presencia. Él sabe que la exaltada posición de ese ángel podría haber sido suya.

Recuerda el hogar de su inocencia, la paz y el contentamiento que disfrutaba hasta su rebelión. Repasa su obra entre los hombres y sus resultados: la enemistad del hombre contra su prójimo, la terrible destrucción de vidas, el derrocamiento de tronos, los tumultos, los conflictos y las revoluciones. Recuerda sus constantes esfuerzos para oponerse a la obra de Cristo. Al mirar el fruto de su trabajo, ve solamente fracaso. Una y otra vez en el proceso del gran conflicto él fue derrotado y obligado a rendirse.

El blanco del gran rebelde ha sido siempre probar que el gobierno divino era responsable por la rebelión. Ha inducido a vastas multitudes a aceptar su versión. Durante miles de años este jefe de la conspiración tramó falsear la verdad. Pero ahora ha llegado el tiempo cuando la historia y el carácter de Satanás han de ser descubiertos. En su último esfuerzo por destronar a Cristo, destruir a su pueblo y tomar posesión de la Ciudad de Dios, el archirrebelde ha sido totalmente desenmascarado. Los que se han unido a él ven el fracaso total de su causa.

Satanás observa que su rebelión voluntaria lo ha descalificado para el cielo. Él ha desarrollado sus facultades para luchar contra Dios; la pureza y la armonía del cielo serían para él, ahora, suprema tortura. Entonces se postra y confiesa la justicia de su sentencia.

Ahora ha sido aclarada toda cuestión acerca de la verdad y el error en el conflicto milenario. Los resultados de anular los estatutos divinos han sido abiertos a la vista del universo entero. La historia del pecado será, por toda la eternidad, un testimonio de que la existencia de la Ley de Dios está ligada a la felicidad de todos los seres que él ha creado. El universo entero, leales y rebeldes, declara al unísono: "Justos y verdaderos son tus caminos, Rey de los santos".

Ha llegado la hora cuando Cristo es glorificado por encima de todo nombre que es nombrado. Por el gozo que le fue propuesto –el que pudiera traer a muchas almas a la gloria–, soportó la cruz. Mira a los redimidos, renovados a su propia imagen. Contempla en ellos el resultado del trabajo de su alma, y está satisfecho (ver Isaías 53:11). Con una voz que alcanza a todas las multitudes, a los justos y a los impíos, declara: "¡He aquí lo que compré con mi sangre! Por ellos he sufrido, por ellos he muerto".

Muerte violenta de los impíos – El carácter de Satanás no cambia. La rebelión, como poderoso torrente, surge de nuevo. Él determina no ceder en la última lucha desesperada contra el Rey del cielo. Pero, de todos los incontables millones que él ha seducido en la rebelión, nadie reconoce ahora su supremacía. Los impíos están llenos del mismo odio hacia Dios que inspira a Satanás, pero ven que su caso es desesperado.

Desciende fuego de Dios desde el cielo. La Tierra se desmenuza. Llamas devoradoras surgen por todas partes de grietas amenazantes. Las mismas rocas están en llamas. Los elementos se funden con el intenso calor, y también la Tierra, y las obras que en ellas están son quemadas (ver 2 S. Pedro 3:10). La superficie de la Tierra parece una masa derretida; un inmenso lago de fuego hirviente. "Es día de venganza de Jehová, año de retribuciones en el pleito de Sion" (Isaías 34:8).

Los impíos son castigados de acuerdo con sus obras. A Satanás se lo hace sufrir no solamente por su propia rebelión, sino también por todos los pecados que ha hecho cometer al pueblo de Dios. En las llamas los impíos son por fin destruidos, raíz y rama: Satanás es la raíz; sus seguidores, las ramas. Se ha pagado la completa penalidad de la Ley, las demandas de la justicia se han cumplido. La obra satánica de ruina ha terminado para siempre. Ahora las criaturas de Dios están libres para siempre de sus tentaciones.

Mientras la Tierra se halla envuelta en fuego, los justos moran con seguridad en la Ciudad Santa. En tanto que Dios es fuego consumidor para el malvado, es un escudo para su pueblo (ver Apocalipsis 20:6; Salmo 84:11).

Nuestro hogar definitivo – "Vi un cielo nuevo y una tierra nueva, porque el primer cielo y la primera tierra habían pasado" (Apocalipsis 21:1). El fuego que consume a los malos purifica la Tierra. Desaparece todo resto de maldición. Ningún infierno que arda perpetuamente recordará a los redimidos las terribles consecuencias del pecado.

Permanece un solo recordativo: nuestro Redentor llevará por siempre las marcas de su crucifixión, los únicos rastros de la obra cruel realizada por el pecado. A través de las edades eternas, las cicatrices del Calvario mostrarán su alabanza y declararán su poder.

Cristo les aseguró a sus discípulos que él iba a preparar mansiones para ellos en la casa del Padre. El lenguaje humano es inadecuado para describir la recompensa de los justos. La conocerán solo quienes la contemplen.

¡Ninguna mente finita puede comprender la gloria del Paraíso de Dios!

En la Biblia se denomina "patria" a la herencia de los salvados (ver Hebreos 11:14-16). Allí el Pastor celestial conduce a su rebaño a fuentes de aguas vivas, corrientes que fluyen eternamente, claras como el cristal, y en cuyas márgenes se mecen árboles que arrojan sus sombras sobre los senderos preparados para los redimidos del Señor. Amplias llanuras alternan con colinas de belleza, y los montes de Dios elevan sus altas cumbres. En esas llanuras pacíficas, junto a esos arroyos vivientes, los hijos de Dios, por tanto tiempo peregrinos y vagabundos, encontrarán su patria.

"Edificarán casas y morarán en ellas; plantarán viñas y comerán el fruto de ellas. No edificarán para que otro habite, ni plantarán para que otro coma... mis escogidos disfrutarán la obra de sus manos". Allí "se alegrarán el desierto y el erial; la estepa se gozará y florecerá como la rosa". "Morará el lobo con el cordero, y el leopardo con el cabrito se acostará... y un niño los pastoreará... No harán mal ni dañarán en todo mi santo monte" (Isaías 65:21, 22; 35:1; 11:6, 9).

> No habrá más lágrimas ni cortejos fúnebres. "Ya no habrá más muerte, ni habrá más llanto ni clamor ni dolor; porque las primeras cosas ya pasaron".

El dolor no puede existir en el cielo. No habrá más lágrimas ni cortejos fúnebres. "Ya no habrá más muerte, ni habrá más llanto ni clamor ni dolor; porque las primeras cosas ya pasaron". "No dirá el morador: 'Estoy enfermo'. Al pueblo que more en ella le será perdonada la iniquidad" (Apocalipsis 21:4; Isaías 33:24).

Allí está la Nueva Jerusalén, la metrópoli de la Tierra Nueva glorificada. "Su fulgor era semejante al de una piedra preciosísima, como piedra de jaspe, diáfana como el cristal... Las naciones que hayan sido salvas andarán a la luz de ella y los reyes de la tierra traerán su gloria y su honor a ella... 'El tabernáculo de Dios está ahora con los hombres. Él morará con ellos, ellos serán su pueblo, y Dios mismo estará con ellos como su Dios' " (Apocalipsis 21:11, 24, 3).

En la Ciudad de Dios "no habrá más noche" (Apocalipsis 22:5). No habrá cansancio. Siempre sentiremos la frescura de la mañana, la cual nunca llegará a su fin. La luz del sol será sustituida por un resplandor que no es dolorosamente deslumbrante, pero que superará enormemente a la claridad de nuestro mediodía. Los redimidos caminarán en la gloria del día perpetuo.

"En ella no vi templo, porque el Señor Dios Todopoderoso es su templo, y el Cordero" (Apocalipsis 21:22). El pueblo de Dios tiene el privilegio de mantener una comunión abierta con el Padre y con el Hijo. Ahora contemplamos la imagen de Dios como en un espejo, pero entonces lo veremos cara a cara, sin ningún velo que lo oculte.

El triunfo del amor de Dios – Allí el amor y la simpatía que Dios mismo ha implantado en el alma encontrarán su expresión más genuina y más dulce. La comunión pura con los seres santos y los fieles de todas las edades, los lazos sagrados que unen a toda la "familia en los cielos y en la tierra"; todo esto ayudará a constituir la felicidad de los redimidos (Efesios 3:15).

Allí las mentes inmortales contemplarán con delicia incesante las maravillas del poder creador, los misterios del amor redentor. Toda facultad será desarrollada; toda capacidad, incrementada. La adquisición de conocimientos no agotará las energías. Se llevarán a cabo las mayores empresas, se alcanzarán las más altas aspiraciones, se realizarán las más elevadas ambiciones. Y aún surgirán nuevas alturas que superar, nuevas maravillas que admirar, nuevas verdades que comprender, objetivos que agucen las facultades de la mente, el alma y el cuerpo.

Todos los tesoros del universo estarán abiertos ante los redimidos de Dios. Libres de la mortalidad, emprenden un vuelo incansable hacia los mundos lejanos. Los hijos de la Tierra entran en el gozo y la sabiduría de los seres no caídos, y comparten los tesoros de conocimiento obtenidos a través de muchas edades. Con visión clarísima contemplan la gloria de la creación: soles, estrellas y sistemas, todos marchando en el orden señalado en torno al trono de la Deidad.

Y los años de la eternidad, a medida que transcurran, traerán consigo revelaciones aún más gloriosas de Dios y de Cristo. Cuanto más aprendan los hombres acerca de Dios, mayor será su admiración de su carácter. Cuando Jesús abra delante de ellos las riquezas de la redención y les revele los hechos asombrosos del gran conflicto con Satanás, el corazón de los redimidos se estremecerá de devoción, y miles y miles de voces se unirán para engrosar el majestuoso coro de alabanza.

"A todo lo creado que está en el cielo, sobre la tierra, debajo de la tierra y en el mar, y a todas las cosas que hay en ellos, oí decir: 'Al que está sentado en el trono y al Cordero sea la alabanza, la honra, la gloria y el poder, por los siglos de los siglos" (Apocalipsis 5:13).

El gran conflicto ha terminado. Ya no existen ni pecado ni pecadores. El universo entero está limpio. Una sola pulsación de armonía y alegría late a través de la vasta creación. Del Ser que creó todo fluyen vida, luz y alegría por toda la expansión del espacio infinito. Desde el átomo más diminuto hasta el más grande de los mundos, todas las cosas, animadas e inanimadas, declaran, en su belleza sin mácula y gozo perfecto, que Dios es amor.

Si a usted le gustó el mensaje de este libro y desea obtener más información o conocer uno de nuestros lugares de reuniones más cercano a su domicilio, ingrese a los siguientes sitios web:

www.esperanzaweb.com
www.encuentreunaiglesia.org
www.estudielabiblia.org

Visite también nuestra radio y TV Nuevo Tiempo:

www.nuevotiempo.org

Además, podrá solicitar mayor información en las siguientes direcciones de su país:

Argentina:

esperanza@adventistas.org.ar
Tel.: 0800-555-0201

Bolivia:

esperanza@adventistas.org.bo
Tel.: 4-4402685/4-4430509

Chile:

contactos@nuevotiempo.cl
Tel.: 02-284-4921

Ecuador:

esperanza@adventistas.ec
Tel.: 02-2801739/02-2527631
04-2370487

Paraguay:

esperanza@adventistas.org.py
Tel.: 021-224181
Cel.: 0971-214562

Perú Norte:

union@upn.org.pe
Tel.: 610-7750

Perú Sur:

esperanza@adventistas.org.pe
Tel.: 610-7702

Uruguay:

esperanza@adventistas.org.uy
Tel.: 2481-4667/2481-0173